KB114302

혼자여도 괜찮아

혼자여도 괜찮아

요즘 어른을 위한
혼자 있는 시간의 힘

한창욱 지음

정민
미디어

인생이 왜 이토록
허망하게 느껴질까?

1

그녀는 모처럼 주말에 공원을 걷다가 활짝 핀 코스모스를 발견했다.

"어머? 그새 또 1년이 지났네!"

집 앞의 공원에서 코스모스를 처음 발견한 건 몇 해 전이었다. 7년 동안 사귀었던 남자 친구와 헤어지고 공원을 걷는데 무리 지어 피어 있는 코스모스가 눈에 들어왔다.

그 뒤로 공원을 걷다 보면 코스모스가 갑자기 앞을 가로막았고, 그때마다 다시 1년이 흘러갔음을 깨닫곤 했다. 곰곰이 생각해보니 남자 친구와 헤어진 것도 벌써 4년 전 일이었다.

'나는 도대체 그동안 어디서 뭘 했던 걸까?'

출퇴근 외에는 특별한 사건도 없었다. 수시로 밀려드는 외로움에서 벗어나기 위해 종일 SNS에 매달렸고, 밤늦게까지 넷플릭스나 티빙에서 드라마나 영화를 본 것이 전부였다.

그사이 석박사 과정을 밟기 위해 유학 떠난 친구는 박사가 되어 돌아왔고, 직장 다니며 틈틈이 그림을 배우기 시작한 친구는 웹툰 작가가 되었고, 직장을 그만두고 애견용품숍을 차린 친구는 사업이 번창해서 가게를 세 곳으로 늘렸다.

돌아보니 허망한 세월이었다. 살랑거리는 코스모스를 바라보고 있으니 우주의 모든 생명체가 저마다 행복하게 살아가고 있는데, 혼자만 불행의 늪에 빠져 허우적거리고 있는 것만 같은 기분이 들었다.

◆ ◆ ◆

그는 사옥을 나서자마자 술 생각이 간절했다. 불러낼 만한 친구를 떠올려보았다. 한창 분주하게 살아가야 할 40대이다 보니, 마땅한 얼굴이 생각나지 않았다.

문득, 결혼하지 않은 친구가 떠올랐다. 전화를 걸어보니 호주 시드니로 출장 왔다고 했다.

"그런데 갑자기 웬일이야?"

"어? 아냐, 아냐! 그냥 잘 지내나 궁금해서……."

서둘러 전화를 끊고 음식점이 즐비한 유흥가를 지나서 전철역으로 향했다.

그는 흔히 말하는 '돌싱'이었다. 30대 초반에 결혼했다가 2년 만에 이혼했다. 그 뒤로는 한마디로 '외로움과의 전쟁'이었다.

재혼은 생각처럼 쉽지 않았다. 수돗물처럼 펑펑 쏟아지는 혼자 있는 시간을 주체하지 못하는 사이에 10년이라는 세월이 흘러갔다.

그는 아파트 입구의 편의점에서 맥주와 안주를 샀다. 음악을 들으며 파라솔 아래서 맥주를 마시다 보니, 건너편 고시원이 보였다.

원래 그의 꿈은 외교관이었다. 외무고시 합격을 위해 고시원에서 3년 동안 밤낮없이 책만 보며 지냈다. 외무고시가 폐지되고, 외교관 후보자 선발시험으로 바뀔 무렵에 스스로 포기하고 말았지만, 그때의 열정은 몸속 어딘가에 문신처럼 각인되어 있었다.

'나는 왜 제풀에 물러선 걸까?'

지난 세월을 곰곰이 돌아보았다. 외무고시 외에도 도전해보고 싶었던 것은 많았다. 시간도 차고 넘쳤지만, 시간 대부분을 외로움을 잊는 데 사용했다. 좀 더 가치 있게 인생을 살 수 있었는데, 그러지 못한 것이 못내 아쉬웠다.

'인생이 왜 이렇게 허망하게 느껴질까?'

그는 환한 불빛이 흘러나오는 고시원과 불 꺼진 자신의 아파트를 번갈아 바라보았다. 왠지 인생을 잘못 살고 있다는 생각과 함께 다시 한번 시작해보고 싶다는 생각이 들었다.

'나도 할 수 있을까? 너무 늦은 건 아닐까?'

◆　◆　◆

현대사회는 연결의 사회라고 한다.

현대인은 다양한 기술과 서비스로 공간과 시간을 초월해서 하나로 연결되어 있다. 지구 반대편에 있는 사람과 같은 시간대에 대화나 게임은 물론이고, 작은 마을에서 벌어지는 닭싸움까지 생중계를 통해 생생하게 볼 수 있다.

대다수가 걷거나 대중교통을 이용 중에는 물론이고, 피트니스클럽, 공원, 음식점, 술집, 심지어 도서관에서조차도 음악을 듣거나 어딘가와 연결되어 있다.

우리는 왜 하나로 연결되어 있음에도, 외로움은 병처럼 점점 깊어지는 걸까. 그 이유 중 하나는 나 자신을 돌아볼 수 있는, 혼자 있는 시간이 없기 때문이다. 정확히는 외로움을 잊기 위해서 어딘가와 연결된 채, 혼자 있는 시간이 헛되이 흘러가도록 방치해버리기 때문이다.

헬라어(그리스어)로 시간은 '크로노스'와 '카이로스'로 분류된다. 크로노스는 정해진 시간으로써 1시간에 60분, 하루에 24시간, 1년이면 365일이 꼬박꼬박 흘러간다. 나의 의지와는 무관하게 흘러가는 시간이다. 반면 카이로스는 나의 의지가 담겨 있는 기회의 시간이다.

외국어를 배우거나 강의를 듣기 위함이 아닌, 내가 어딘가와 연결된 채 흘려보내는 대부분의 시간은 크로노스의 시간이다. 어딘가와 연결되어 있으니, 순간의 외로움은 잊을 수 있지만 지나고 나면 허망하다. 아무것도 남아 있지 않기 때문이다.

인간을 성장시키고 변화시키는 것은 혼자 있는 시간이다. 혼자 있는 시간의 가치를 깨닫고 그 힘을 이용한다면, 살아가면서 이루지 못할 일은 없다.

당신이 꿈꾸고 소망했던 것들은 여전히 그 자리에서 당신을 기다리고 있다.

그렇다고 해서 가족이나 친구를 등지고 워커홀릭이 되라는 것은 아니다. 함께하는 시간이 소중하듯 혼자 있는 시간 역시 소중하다. 인생을 변화시키고 싶다면 혼자 있는 시간의 가치를 깨닫고, 크로노스의 시간을 카이로스의 시간으로 전환해야 한다.

혼자 있는 시간을 활용하면 나를 한 단계 더 성장시킬 수 있고, 상상했던 것들을 현실로 바꿀 수 있고, 꿈을 이룰 수 있다.

2

사회 구조의 변화로 말미암아 가족 체제가 바뀌었다. 현대인은 지금까지 존재했던 그 어떤 인류보다 더 많은 시간을 혼자서 보내야 한다.

통계청 발표에 의하면 2022년 한국의 1인 가구는 750만 2천 가구(34.5%)이며, 4인 가구 수의 2배에 이른다.

우리는 자의든 타의든 간에 수많은 시간을 혼자서 보내야 한다. 가족과 함께 산다고 해도 공유하는 시간보다 혼자 보내는 시간이 더 많은 것이 현실이다. 코로나-19와 같은 유행성 질병이 창궐할 때는 물론이고, 질병이 잠잠할 때도 혼자서 묵묵히 시간을 보내야 한다.

당신은 혼자 있을 때 외로운가? 아니면 고독한가?

사전적 의미상 '외로움'은 '홀로 되어 쓸쓸한 마음이나 느낌'이고, '고독'은 '세상에 홀로 떨어져 있는 듯이 매우 외롭고 쓸쓸함'이다. 사전적 의미로는 둘의 차이를 구분하기 어렵다. 한글과 한자의 차이일 뿐 사실상 같은 의미라 할 수 있다.

그러나 번역을 달리해서 '외로움(loneliness)'과 '고독(solitude)'으로 구분한다면 다른 의미로 해석할 수 있다. 독일의 실존주의 철학자이자 신학자인 폴 요하네스 틸리히는 혼자 있는 시간에는 두 가지 종류가 있다고 생각했다.

> 외로움(loneliness)은 혼자 있는 고통을 표현하기 위한 말이고, 고독(solitude)은 혼자 있는 즐거움을 표현하기 위한 말이다.

즉, 외로움(loneliness)은 '자신의 의지와 상관없는 관계의 단절'을 의미한다. 혼자 있고 싶지 않은데 어쩔 수 없이 혼자 있게 되는 경우이므로, 우울과 불안이 동반되어 고통스럽다.

고독(solitude)은 '자발적인 고립'을 의미한다. 스스로 시끌벅적한 세상에서 벗어나 혼자 있는 상태이므로 자유로운 감정이 동반되어 즐겁다.

세상이 바뀌면서 외로움은 사회 문제로 부상하였다. 2018년 1월 영국에서는 세계 최초로 '외로움부(Ministry of Loneliness)'를 설립하고 외로움부 장관을 임명했다. 2021년 2월 일본에서도 외로움과 고립의 문제를 담당할 '외로움부'를 신설하고, 저출산대책장관에게 겸임하도록 명하였다.

1인 가구가 늘어나면서 외로움은 국가가 관심을 갖는 사회 문제로 떠올랐다. 하지만 외로움은 여전히 개인의 몫이다. 빈부격차의 문제는 사회 몫이지만, 가난의 문제는 여전히 개인 몫이듯이.

◆　◆　◆

현대인은 무차별적으로 쏟아지는 정보 속에 방치되어 있다. 요즘 어른들은 외롭다는 이유로 인터넷 서핑, SNS, TV, 넷플릭스, 웹툰, 게임 등등을 하면서 어딘가와 연결된 채 혼자 있는 시간을 헛되이 흘려보낸다.

인생은 혼자 있는 시간을 어떻게 사용하느냐에 따라서 완전히 바뀐다. 혼자 있는 시간을 외로움을 잊기 위해 사용한다면, 당신의 인생에서 더 이상 좋은 일은 일어나지 않는다.

외로움은 무의미한 크로노스의 시간이고, 고독은 기회인 카이로스의 시간이다. 인간의 뇌는 무리에 있을 때보다 혼자일 때 높은 집중력을 발휘한다. 무리 속에 있으면 다른 사람의 눈에 비치는 자기 모습을 의식해야 하므로, 온전히 집중하기 어렵다.

인생을 변화시키고 싶다면 외로움을 고독으로 바꿀 수 있는 용기를 발휘해야 한다. 벌떡 일어나서 '고독의 방'으로 들어가야 한다.

지금 혼자여서 외롭고 슬픈 생각이 든다면, 그래서 어떻게든 밖으로 나가서 온갖 소음 속에 자신을 내던지고 있다면, 당신은 자신에게 찾아온 황금 같은 시간을 쓰레기통에 처박는 것과 같다.

_장자크 루소

외로움과 고독의 차이를 한마디로 비유하면 마음속에 등불이 꺼져 있느냐, 켜져 있느냐는 것이다. 깜깜한 어둠 속에서 할 수 있는 건 아무것도 없다. 웅크린 채 누군가가 나를 지독한 외로움에서 구해줄 때까지 기다려야 한다.

외롭다고 해서 어딘가와 연결된 채 혼자 있는 시간을 방치해서는 안 된다. 외로워하면 외로워할수록 인생이 외로워진다. 점점 가족과 친구에게서 멀어지고, 끝내 외톨이별이 되어서 허공을 떠돌다가 우울이라는 블랙홀에게 먹히고 만다.

혼자라서 외롭다면 마음을 다잡고 등불에 불을 붙여야 한다. 비록 혼자일지라도 등불 아래서 할 수 있는 일은 무수히 많다. 무언가를 해야겠다고 마음먹는 순간, 외로움은 거짓말처럼 사라지고 고독이 찾아온다. 어둠 속에서 태양이 떠오르듯 고요 속에서 당신의 인생이 서서히 빛을 발하기 시작한다.

이 책은 '혼자 있는 시간이 필요한 이유', '혼자 있는 시간의 7가지 장점', '크로노스의 시간을 카이로스의 시간으로', '혼자 있는 시간으로 삶의 무기 만들기', '혼자 있는 시간, 멋지게 즐기기'로 나뉘어져 있다. 순서와 상관없이 관심이 가는 장부터 읽어도 무방하다.

가브리엘 가르시아 마르케스는 18개월 남짓 혼자 있는 시간을 활용해서 《백 년 동안의 고독》을 집필했다. 나는 12개월 남짓 틈틈이 혼자 있는 시간을 활용해서 이 책을 썼다.

혼자 있는 시간의 가치와 힘을 발견한다면 당신도 성장할 수 있고, 필요한 돈을 모을 수 있고, 의미 있는 일을 해낼 수 있고, 구체적인 성과물을 거둘 수 있다.

지금 혼자 있다면 이렇게 말해주고 싶다.

"혼자여도 괜찮아!"

CONTENTS

CHAPTER 1

혼자 있는 시간이 필요한 이유

CHAPTER 2

혼자 있는 시간의 7가지 장점

CHAPTER 3

크로노스의 시간을 카이로스의 시간으로

CHAPTER 4
혼자 있는 시간으로 삶의 무기 만들기

CHAPTER 5

혼자 있는 시간, 멋지게 즐기기

혼자 있는 시간이
필요한 이유

고독 속으로 그 사람이 가지고 들어간 것이 성장한다.

_프리드리히 니체

그리움이 있는 만남

그런데 나에게 있어서는, 우리가 함께 맛본 저 사랑의 기쁨
이 너무나 감미로워 그것을 뉘우칠 생각이 일지 않을뿐더
러, 그것을 내 기억에서 지워버릴 수도 없습니다. 동을 향
해서나 서를 향해서나, 그것은 항시 욕망이 되어 눈앞에서
어른거리고, 잠들어 있을 때조차도 그 환상은 나에게서 떠
나지 않았습니다. 가장 순수하게 기도 속에 잠겨 있어야 할
미사 의식의 중간에도 그 환락의 방종한 영상은 가엾은 내
마음을 완전히 사로잡아, 나는 기도에 전념하기보다는 수
치스러운 생각에 잠겨 있기가 일쑤인 것입니다. 자신이 저
지른 죄과에 대해서 회한을 품고 있어야 할 시기에, 나는
도리어 다시 범할 수 없는 잃어버린 것에 대해 그리움을 느

20

끼고 있는 것입니다.

_아벨라르·엘로이즈,《아벨라르와 엘로이즈》(을유문화사) 중에서

프랑스 파리 20구에 위치한 페르라셰즈 공동묘지에는 마리아 칼라스, 오스카 와일드, 짐 모리슨, 프레데리크 쇼팽, 조르주 비제 등을 비롯한 수많은 유명인이 묻혀 있다.

그중에서도 연인들이 가장 많이 찾는 곳은 아벨라르와 엘로이즈의 묘지다. 그곳에 가면 수도복과 수녀복을 입고 두 손을 합장한 채 평온한 표정으로 나란히 누워 있는 석상을 발견할 수 있다.

이들은 1118년, 서른아홉 살의 가정교사와 열일곱 살의 학생 신분으로 처음 만난다. 당대의 유명한 철학자였던 아벨라르와 재색을 겸비한 엘로이즈는 만나자마자 사랑에 빠진다. 그들은 아들을 낳고 비밀리에 결혼식까지 올린다.

파리대성당의 참사 회원이었던 숙부는 가문의 명예를 실추시켰다며 분노한다. 엘로이즈는 수녀원으로 숨지만, 아벨라르는 숙부가 보낸 사람들에 의해서 거세당한다. 아벨라르는 수도원에 들어가 수도사가 되고, 엘로이즈는 수녀가 된다.

각자의 삶을 살아가다가 10년도 훌쩍 지난 뒤, 아벨라르는 친구에게 보낸 편지에서 자신이 겪은 불행을 털어놓는다. 이 편지는 세간을 떠돌다가 엘로이즈의 눈에 띄게 된다. 엘로이즈가 편

지를 보내면서 두 사람은 5년 동안 12통의 편지를 주고받는다.

하느님을 노하게 하는 것보다 당신을 노하게 하는 것이 더 근심이었고, 하느님을 기쁘게 해드리려는 욕망보다 당신을 기쁘게 해드리려는 욕망이 더 컸다고 고백하는 엘로이즈.

한때는 철학 논쟁보다는 사랑의 밀어가, 가르침보다는 입맞춤이, 책장을 넘기는 손길보다는 그녀의 가슴으로 향할 때가 더 잦았다고 고백한 아벨라르였지만 엘로이즈에게 보낸 편지에서는 우리에게 시련을 준 하느님을 원망하지 말고 찬미를 드리라고 권한다.

중세 시대에 나눈 두 사람의 사랑은 수많은 예술가에게 영감을 주었다. 루소는 《신(新)엘로이즈》를 썼고, 알렉산더 포프는 '엘로이즈가 아벨라르에게'라는 명시를 발표하는 등 예술계 전반에 영향을 미쳤다.

만약 엘로이즈와 아벨라르가 평범한 부부로 살았다면 어떻게 됐을까? 아마도 이들을 기억하는 사람은 많지 않으리라.

두 사람이 주고받은 편지는 명문이다. 사랑의 감정은 물론이고, 그 시대의 사상과 철학까지 엿볼 수 있다. 편지를 읽고 있으면 '나도 죽기 전에 이런 사랑을 해보고 싶다' 하는 생각이 절로 든다.

그들이 함께한 시간은 1년도 채 안 될 만큼 짧았다. 하지만 두 사람은 평생을 사랑했다. 특히 엘로이즈는 수녀원장이라는 고

결한 신분임에도 아벨라르와 나눈 육체적·정신적 사랑을 잊지 못했다고 고백한다.

무엇이 짧은 만남을 불멸의 사랑으로 만든 것일까?

아마도 그것은 그리움이 아닐까.

그리움은 그리움을 낳는다. 그리움은 추억과 상상의 산물이다. 추억에 상상이 입김을 불어 넣으면 몸집이 불어난다. 그래서 연애편지를 쓰다 보면 그리움이 애드벌룬처럼 부풀어 오르고, 사랑의 감정도 점점 커진다.

그러다 문득, 자신이 지닌 모든 것을 내려놓고 달려가고 싶은 충동에 사로잡힌다.

"사실, 가끔 네가 너무 보고 싶어 견딜 수가 없어."

이안 감독의 영화 〈브로크백 마운틴〉에 나오는 대사다. 애니 프루의 단편소설을 각색해서 만든 작품으로 아카데미 감독상과 각색상, 음악상을 받기도 했다.

고등학교를 중퇴한 시골 청년 잭 트위스트(제이크 질런홀)와 에니스 델마(히스 레저)는 직업 알선소에서 처음 만난다. 그들은 한 조를 이뤄 브로크백 마운틴에서 양 떼를 돌보는 일을 하다가 사랑에 빠진다.

여름 한철의 짧은 만남.

그들은 4년이 지나서야 재회하는데, 그때의 감정이 일시적인 것이 아니었음을 확인한다. 서로 가정을 이루고, 동성애자임을 들켜서 이혼하기도 한다. 하지만 그들은 20년 남짓한 세월 동안 서로를 그리워하며 사랑을 이어간다.

"넌 내가 잠깐 만나는 친구일 뿐이지만 난 20년 동안 널 그리워했어. 나도 너랑 끝내는 법을 알았으면 좋겠어!"

"내가 이러고 사는 건 다 너 때문이야. 너 아니면 난 아무것도 아니고, 내가 있을 곳도 없다고!"

서로를 향해 울부짖는 두 남자를 보며 사랑에 대해서, 인간의 감정에 대해서 다시금 생각해보게 된다.

인간의 뇌는 좋았던 순간을 쉽게 잊지 못한다. 금지된 사랑에 빠져드는 이유도, 무심코 마약에 손댔다가 폐인이 되는 이유도 이 때문이다.

결국 잭은 죽고, 에니스는 브로크백 마운틴 그림엽서를 보며 "잭, 나는 맹세해"라고 혼잣말을 중얼거린다. 그 순간, 가슴이 뭉클해지는 까닭은 그가 느끼는 상실감과 함께 그리움이 아직도 끝나지 않았음을 공감하기 때문이리라.

"결혼이 그런 건지 몰랐어요!"

모처럼 만에 찾아온 P는 머리를 절레절레 흔들었다.

P는 대학에서 L을 처음 만났다. 5년의 교제 끝에 결혼했다가, 3년 만에 합의이혼을 했다.

교제 기간이 길어서 서로가 충분히 잘 알고 있다고 생각했는데, 막상 결혼해보니 여러모로 달랐다.

그들은 맞벌이 부부였다. 아내 L은 퇴근 후는 물론이고 주말도 함께 보내고 싶어 했다. 반면 남편 P는 주말에 하루 정도는 혼자서 시간을 보내고 싶어 했다.

"언제, 어디서, 뭘 하든 함께해야 부부지? 각자 자기가 하고 싶은 걸 하면서 살 바에야 혼자 살지 뭐 하러 결혼해?"

"아무리 부부라도 쉴 때는 쉬어야지. 주중에야 그렇다 치더라도, 주말마저 온종일 붙어 있다가 출근하면 도무지 쉰 것 같지가 않아서 그래!"

"그럼 주말에 당신이 하고 싶은 걸 함께해. 그러면 되잖아?"

"좋아!"

그는 토요일마다 아내를 데리고 낚시를 갔다. 처음에는 아내도 흥미를 느꼈으나 이내 제풀에 나가떨어졌다. 그녀에게는 오랜 시간 말없이 앉아 있는 일이 고역이었다.

혼자 낚시를 다니는 일도 눈치가 보여서 그는 집에서 인터넷으로 바둑을 뒀다. 그러자 심심해진 아내가 잔소리를 해대기 시작했다.

아내는 주말에는 함께 쇼핑하거나 여행을 가고 싶어 했다. 그래서 그도 몇 번 아내와 함께 쇼핑하거나 여행을 갔다. 그런데 그렇게 주말을 보내고 나면 감당하기 힘든 피로가 몰려왔다.

결국 주말을 보내는 방법의 차이로 말다툼이 시작됐고, 서로에 대한 불평불만으로 이어졌다. 불안해진 아내는 상의도 없이 임신을 유보했다. 상대방에 대한 섭섭한 감정이 해소되지 않으면서 사랑의 감정은 빠르게 식어갔다.

"연애할 때는 정말 좋았어요! 그녀를 만나러 가기 전에도 좋았고, 함께 있을 때도 좋았고, 헤어져서 문자를 주고받을 때도 좋았어요. 그녀를 생각하면 마음이 푸근해지더라고요."

그는 결혼하고 나서도 한동안은 좋았다고 했다. 회사에서 일하다가도 그녀가 생각났고, 퇴근 후에는 보고 싶어서 곧바로 집으로 달려갔다고 했다.

"그런데 줄곧 함께 붙어 있다 보니까 어느 날부터 더 이상 보고 싶다는 생각이 들지 않는 거예요. 함께 있을 때는 물론이고, 회사에 있을 때도 전혀 생각이 나질 않더라고요. 전처는 제가 변했다고 하는데, 전 사실 예나 지금이나 크게 변한 건 없거든요."

"지금은 어때? 여전히 보고 싶지 않아?"

나는 혹시나 해서 물어보았다. 그는 잠깐 생각해보다가 말했다.

"아내를 마지막으로 본 지 1년이 지나서 그런지 지금은 가끔 보고 싶어요. 잘 지내고 있는지 궁금하기도 하고……."

세상의 모든 만남에는 그리움이 묻어 있어야 한다. 연인은 물론이고, 부모나 친구와의 만남도 마찬가지다.

그리움이 없는 만남은 건조하다. 서로의 마음속에 상대방이 들어설 자리가 없다 보니, 속 깊은 이야기를 나눌 수 없다. 서로 하고 싶은 이야기만 내뱉은 뒤 제 갈 길로 가게 된다.

결혼 후 권태기는 상대방에 대한 그리움이 사라질 때 찾아온다. 지나치게 서로에 익숙해져서 더 이상의 설렘도 느끼지 못할 때 결혼생활이 지루하게 느껴진다. 황혼 이혼이 늘어나는 이유도 이와 무관하지 않다.

살아온 날들도 다르고, 성격도 다르고, 생물학적 특성도 다른 이성이 함께 살을 맞대고 살아가는 삶이 결혼이다. 설령 TV에 자주 얼굴을 내비치는 잉꼬부부가 이상형이라고 해도, 세상의 모든 부부가 그렇게 살아갈 수는 없다.

가까운 사이일수록 기본을 지켜야 한다. 서로에 대한 존중은 물론이고, 성격이나 특성을 배려해줘야만 행복한 결혼생활을 영위할 수 있다.

물론 결혼했다면 특별한 순간은 함께해야 한다. 그러나 모든 순간을 함께해야 한다는 생각은 위험하다. 그것은 일종의 의무가 되어서 사랑을 옭아매게 되고, 끝내는 사랑이라는 아름다운 나무를 말라비틀어지게 한다.

대개 결혼은 성인 남녀가 한다. 성인은 남에게 의존하는 사람이 아니라, '독립인'이다. 즉, 함께 있을 때는 물론이고 혼자서도 잘 지낼 수 있는 사람이다.

우리에게 혼자 있는 시간이 필요한 이유 중 하나는 '독립인'으로 만들어서, 후회 없는 나만의 인생을 살아갈 수 있는 자신감과 용기를 불어넣기 때문이다.

외로움이 두렵다면 결혼하지 마라.

_안톤 체호프

외로움은 숙명적인 것이다. 혼자 있을 때의 외로움보다는 함께 있을 때의 외로움이 훨씬 큰 법이다.

외로움은 초대하지 않은 손님처럼 예고도 없이 불쑥 찾아온다. 그래도 두려워할 필요는 없다. 생각만 달리하면 우리는 언제든지 외로움을 고독으로 전환할 수 있다.

오랜 세월 혼자 있는 시간을 외롭게 보낸 사람은 사랑에 서툴다. 의지하려는 마음이 커서 사랑을 주기보다는 받으려고만 하기 때문이다. 반면 혼자 있는 시간을 고독하게 보낸 사람은 독립인이어서, 언제든지 사랑하고 사랑받을 준비가 되어 있다.

혼자 있는 시간에 외로움이 찾아오면 자극적인 정보 속에 얼굴을 들이밀거나 타인에게 기대려 하지 말고, 고독 속으로 침잠하라.

마음속에 그리움이 커진다.

사랑이 깊어진다.

마음의 안식을 찾아서

나는 이런 생각이 든다. 어떤 사람들은 자기가 태어날 곳이 아닌 데서 태어나기도 한다고. 그런 사람들은 비록 우연에 의해 엉뚱한 환경에 던져지긴 하였지만 늘 어딘지 모를 고향에 대한 그리움을 가지고 산다. 태어난 곳에서도 마냥 낯선 곳에 온 사람처럼 살고, 어린 시절부터 늘 다녔던 나무 우거진 샛길도, 어린 시절 뛰놀았던 바글대는 길거리도 한갓 지나가는 장소에 지나지 않는다. 어쩌면 가족들 사이에서도 평생을 이방인처럼 살고, 살아오면서 유일하게 보아온 주변 풍경에도 늘 서먹서먹한 기분을 느끼며 지낼지 모른다. 낯선 곳에 있다는 느낌, 바로 그러한 느낌 때문에 그들은 사랑을 느낄 수 있는 뭔가 영원한 것을 찾아 멀리 사방을 헤매는 것이 아닐까.

_윌리엄 서머싯 몸,《달과 6펜스》(민음사) 중에서

《달과 6펜스》는 현실(6펜스)이라는 공간에서 빠져나와 이상
(달)을 찾아가는 주인공의 여정을 그리고 있다. 주인공 스트릭
랜드는 폴 고갱에게서 영감을 받아 탄생했다.

런던의 주식 중개인이었던 그는 그림을 그리기 위해 가정을
버리고 파리로 떠난다. 파리에서 열정적으로 그림을 그리며 지
내다가 우연히 오스트레일리아로 가는 배를 타게 된다. 여러 도
시를 거쳐서 타히티섬에 기항하자, 그는 오랫동안 동경해왔던
곳임을 직감하고 하선한다.

스트릭랜드는 원주민과 결혼해서 아이를 낳고 행복하게 살
아간다. 그러다 풍토병인 나병에 걸려 서서히 시력을 잃게 되지
만 모든 힘을 다해서 자신이 살아가던 낡은 오두막집의 벽과 천
장에 에덴동산을 그린다.

왕진을 온 의사는 그의 천재성에 감탄하며 그림을 보고 전율
한다. 하지만 의사의 만류에도 원주민 아내는 스트릭랜드의 유
언에 따라서 집을 불사르고 만다.

스트릭랜드는 원시가 살아 숨 쉬는 타히티에서 육체의 안식
을, 명작의 완성에서 영혼의 안식을 찾았다. 폴 고갱에게서 영
감을 받은 소설 속 인물이긴 하지만 예술가다운 결론이라 할 수

있다.

"요즘은 내가 왜 사는지 모르겠어."

C는 술에 취하자 펑펑 눈물을 흘렸다.

그는 고등학교를 졸업하고, 일찍부터 사업을 시작했다. 여러 사업에 손을 댔는데 돈을 버는 족족 부동산에 투자했다. 사업가로 여봐란듯이 성공하지는 못했지만, 세월이 흐르자 부동산이 올라서 상당한 자산가가 되었다.

돈벌이 외에는 관심 없던 그가 철학적인 고민에 빠진 것은 분노 때문이었다. 언제부터인가 시도 때도 없이 분노가 치밀었고, 그 분노는 아이들에게로 향하기 일쑤였다. 그러다 부부싸움으로 이어졌는데, 그는 자신도 모르게 아내에게까지 손찌검하고야 말았다.

아내가 더 이상 못 살겠다며 이혼하자고 하자 그제야 정신이 번쩍 들었다. 그는 손이 발이 되도록 빌었고, 결국 별거에 들어갔다.

"내가 부자가 되면 우리 가족이 행복하게 살 줄 알았는데, 오히려 불행해졌어."

C는 그 일을 계기로 돈벌이는 이제 그만해야겠다고 결심했고, 휴대전화 대리점과 커피숍을 정리했다.

30년 남짓 쉬지 않고 일만 했던 그는 여행을 다니기 시작했다. 국내여행을 하다가 해외로 발길을 돌렸다. 물론 남들 일할 때 여행을 다니니 좋기는 했지만, 마음 한구석 허전함은 좀처럼 채워지지 않았다.

"고향에서 쉬엄쉬엄 농사나 지으며 살려고."

어느 날 그는 아이들만 서울에 남겨놓고, 아내와 함께 네 살 때 떠나왔던 고향으로 돌아갔다. 뼈를 묻을 작정으로 전원주택도 새로 지었다. 그러나 그는 3년을 채 버티지 못하고 서울로 돌아왔다.

"도무지 외로워서 살 수가 없더라!"

두 번 다시 돈벌이는 안 하겠다던 그가 카페를 차렸다. 이익을 남기려는 목적보다는 말벗도 사귈 겸 친구들과 술도 한잔할 겸 시작한 거라고 했다.

나는 개업한 지 1년쯤 지나서 다시 찾았다. 이른 시간이었고, 카페는 한산했다. 그는 창가 옆 소파에서 책을 읽다가 뒤늦게 인기척을 듣고는 반갑게 맞아주었다.

"요즘은 어때? 허전함은 좀 가셨어?"

차를 마시며 묻자, 그가 싱긋 미소를 지었다.

"예전보다 나아지긴 했지. 책도 많이 읽고, 생각하는 시간도 늘어서인지 사는 게 뭔지 조금은 알 것 같아."

"사는 게 뭔데?"

"글쎄…… 뭘까?"

그가 이번에는 이를 드러내고 소리 없이 웃었다.

나는 로드무비를 좋아한다.

목적지를 향해 가는 주인공의 여정을 다루다 보니 아름다운 자연경관을 볼 수 있고, 체험을 통한 주인공의 심리 변화를 엿볼 수 있기 때문이다.

모든 영화가 볼만했지만, 특히 데니스 호퍼 감독의 〈이지 라이더〉, 빔 벤더스 감독의 〈파리, 텍사스〉, 토마스 얀 감독의 〈노킹 온 헤븐스 도어〉는 가슴 먹먹한 감동을 안겨주었다.

장양 감독의 〈낙엽귀근〉이라는 로드무비 영화가 있다.

라오자오와 리우콴유는 공사판에서 일하다가 만난 친구 사이다. 리우콴유는 먼저 죽으면 고향 집에 데려다주겠다며 라오자오에게 약속한다. 그러나 술을 마시다가 리우콴유가 먼저 죽고 만다. 라오자오는 사장이 가족에게 전해주라며 위로금으로 준 5,000위안을 챙겨서 시체와 함께 리우콴유의 고향 집으로 향한다.

〈낙엽귀근〉은 라오자오가 시체를 고향 집으로 데려가다가 길에서 겪게 되는 일들을 그린 블랙 코미디다.

버스를 타고 가다 강도 떼를 만나기도 하고, 배가 고파서 시체를 허수아비처럼 논 한가운데 세워놓고 가짜 장례식에 참석하고, 폐타이어 속에 시체를 넣어서 굴리며 가기도 하고, 사장이 준 돈이 위조지폐여서 곤경에 처하기도 하고, 친구를 묻어주려다가 삶이 고단해서 함께 죽으려고 자살을 시도하기도 하고, 돈이 없어서 매혈하려다가 만난 여자에게 사랑의 감정을 느껴서 미래를 약속하기도 하는 등등……. 산업화 과정에서 빈부 격차로 말미암은 중국의 현실을 엿볼 수 있는 다양한 에피소드가 등장한다.

영화를 보다 보면 어느 순간, 시체를 등에 업고 길을 걸어가는 라오자오에게 친근감을 느끼게 된다. 영화와 세상 사이의 벽이 사라지면서 문득 이런 생각이 든다.

친구의 시체를 고향 집에 데려가기 위해 매 순간 최선을 다하는 주인공의 삶이 우리의 인생이 아닐까?

비록 시체일지라도 친구와 함께하기 때문일까, 목적지가 있기 때문일까. 친구의 안식을 위한 험난한 여정이 외로워 보이지는 않는다. 어쩌면 어찌할 수 없는 시체(삶의 무게)를 등에 짊어지고 걸어가는 그 길이 마음의 안식을 찾아가는 길일 수도 있겠다는 생각이 든다.

외롭지는 않지만 고독한 날들이다.

사람들은 마음의 안식을 찾고 싶어 한다. 그러나 어디에서 내 마음의 안식을 찾아야 할지 모른다. 내가 누구인지 모르기 때문이다.

《달과 6펜스》의 스트릭랜드는 자신이 화가라는 사실을 자각하고 있다. 그래서 그는 명작을 그릴 수 있는 환경을 확보한 뒤, 모든 힘을 다해서 불후의 명작을 그림으로써 마음의 안식을 찾는다.

친구인 C는 어렸을 때부터 꿈꾸었던 부자가 되었지만 잘못 살아가고 있다는 사실을 깨달았다. 그는 여행도 다니고 귀향해서 농사도 지으면서, '인생이란 무엇일까?'라는 질문을 자신에게 던졌다. 하지만 인간의 본질적인 외로움을 극복하지 못한 그는 다시 서울로 돌아와 카페를 하며 다양한 사람과 대화도 나눠보고, 책도 읽으면서 인생의 의미를 찾고 있다.

장양 감독은 〈낙엽귀근〉을 통해서 인생이란 어쩔 수 없는 삶의 무게를 짊어지고, 변화하는 세상 속을 묵묵히 걸어가는 것이라고 말하고 싶었던 건지도 모르겠다. 어쩌면 그가 말하는 마음의 안식은 '최선을 다하는 삶' 속에 있는 것이 아닐까.

우리는 저마다의 인생을 살아가면서 저마다의 방식으로 마음의 안식을 찾는다. 그래서 퇴근 후 음악을 듣고, 반려견을 키우고, 봉사 활동을 하고, 주말이면 교회나 성당 혹은 절에 가서 기도한다.

그러나 상당수는 어디에서 마음의 안식을 찾아야 할지 모른다. 내가 누구인지 모르고, 내가 처한 상황을 정확히 모르기 때문이다.

우리가 상황을 있는 그대로 받아들이는 이유는, 그 상황이 일어나길 원해서가 아니라 이미 일어나고 있기 때문이다. 우리는 지금 벌어지는 상황을 부정하거나 걱정하거나 한탄하거나 분노하면서 꼼짝 못 하는 게 아니라 수용하면서 명확하게 바라볼 수 있다. 상황을 명확하게 바라볼 때 효과적으로 대응할 수 있다.

_샤우나 샤피로, 《마음챙김》(안드로메디안) 중에서

만약 우리를 나온 늑대가 눈앞에서 서성거리고 있다면 늑대를 관찰하면서 몸을 피해야 한다. 늑대의 출현 자체를 부정해버리거나 무섭다고 해서 등을 돌리고 있으면 상황은 악화되고 공포심은 증폭된다.

마음의 위안을 찾고자 한다면 차분하게 내 마음의 상태부터 관찰해야 한다. 그것은 혼자 있는 시간, 즉 고독 속에서 가능하다. 내가 어떤 사람이고, 지금 어떤 상황에 처해 있는지를 알게 된다면 마음의 위안을 찾기란 그리 어렵지 않다.

우리에게 혼자 있는 시간이 필요한 이유 중 하나는 내가 처한 상황을 직시하게 해서, 마음의 위안을 찾을 수 있도록 돕기 때문이다.

외로움은 우리를 불안과 허무 속으로 몰아넣는다. 문제의 본질에서 점점 멀어지게 한다. 반면 고독은 우리에게 진실을 볼 수 있는 눈과 함께 마음의 위안을 준다.

　이제부터 무엇을 하고, 무엇을 하지 말아야 할지 명확히 알려
준다.

내 인생의 주인은 누구인가?

인간이 달 위를 처음 걸었던 것은 그해 여름이었다. 그때 나는 앞길이 구만리 같은 젊은이였지만, 어쩐지 이제부터는 미래가 없을 거라는 생각이 들었다. 나는 위태위태한 삶을 살고 싶었다. 갈 수 있는 데까지 가본 다음, 거기에 이르렀을 때 무슨 일이 벌어지는지 보고 싶었다. 그러나 사실 내가 이루어낸 일은 아무것도 없었고, 결국에는 차츰차츰 무일푼으로 전락해 아파트마저 잃고 길바닥으로 나앉는 신세가 되고 말았다.

_폴 오스터, 《달의 궁전》(열린책들) 중에서

《달의 궁전》은 세 사람의 삶을 통해서 자아를 찾아가는 일종

38

의 성장소설이다. 위 문장은 소설의 시작이다. 소설의 후반부에 이르게 되면 주인공 포그는 가족의 비밀을 모두 알게 되고, 걸어서 사막을 횡단한다.

'일단 북미 대륙 끝에 이르자 어떤 중요한 문제가 풀린 듯한 느낌이었다. 그 문제가 무엇이었는지는 모르지만, 그 대답은 이미 내 발걸음으로 틀이 잡혀 있었고, 나는 자신을 뒤에 남겼다는 것, 내가 이제는 예전의 나와 같은 사람이 아니라는 것을 알기 위해 계속 걷기만 하면 되었다.'

자아를 찾아가는 포그는 저자의 분신이다.

폴 오스터처럼 나 역시 젊은 시절부터 자아를 찾아 나섰다. 그 당시 나를 매료시켰던 책은 라마나 마하리쉬의 《나는 누구인가》였다. '참된 나(眞我)'를 깨닫기 위해서는 '나는 누구인가?'에 대한 의문을 품고 명상하라는 그의 가르침대로, 책이 닳도록 읽으며 고독의 침묵 속에서 나를 찾아 헤매곤 했다.

물론 내가 누구인지는 찾아내지 못했다. 하지만 동양사상에 관심을 두게 되는 계기가 되었고, 사고의 범위를 한층 넓힐 수 있었다. 그러다 어느 날 문득, 내 인생의 주인공이 나라는 사실을 깨달았고, 내가 누구인지 어렴풋이나마 알 수 있었다.

'나는 누구인가?'라는 물음은 철학적이다. 동양사상에서도 서양사상에서도 관심을 두는 주제이다. 과거에는 철학적 사고나 종교적 논리로 접근해서 답을 찾으려 했다면 근래에는 수학,

생물학, 심리학, 정신분석학, 역사학, 예술 등등 다양한 방식으로 접근한다.

나는 몇 년 전부터는 '마음 = 뇌'라고 주장하는 뇌과학에 흥미를 느꼈다. 현대 의학의 발달로 뇌를 둘러싼 각종 실험은 인간에 대한 궁금증을 해소하는 데 여러모로 도움 됐다.

김대식 카이스트 교수의《인간을 읽어내는 과학》은 현대 과학으로 인간의 본질에 접근하고 있고, 제이콥 브로노프스키는 《인간을 묻는다》에서 과학과 예술을 통해서 인간의 정체성에 접근하고 있고, 독일의 유명 철학자인 리하르트 다비트 프레히트는《내가 아는 나는 누구인가》에서 폭넓은 지식을 통해서 철학적 질문에 대한 답을 찾는다.

"제 청춘은 공상하는 사이에 흘러가버렸어요."

"주로 어떤 공상을 했나요?"

"세계 여행을 하는 건데, 그렇다고 신나게 놀러 다니는 건 아니에요. 아버지에게서 유산을 물려받은 제가 비즈니스를 하기 위해서, 일등석을 타고 세계를 안방처럼 돌아다니는 거죠."

S는 몰락한 가문의 장남이다. 그의 집은 지방에서 알아주는 유지였다. 격변기를 살았던 할아버지는 탁월한 사업 수완을 발휘해서 재산을 불렸다. 그러나 아버지가 그 많던 재산을 모두 탕진했다.

연이은 사업 실패에다 도박에 빠진 아버지는 빚만 남겨놓고 비명횡사했다. 어느 날, 학교에서 돌아오니 집 안의 가구에는 모조리 가압류 딱지가 붙어 있었다.

그는 생활 능력이 전무한 어머니와 두 여동생을 먹여 살리기 위해서 일찍부터 아르바이트하며 공부했다. 다행히도 외가 쪽에서 도움을 줘서 자신은 물론이고 여동생들까지 무사히 학업을 마칠 수 있었다.

대학을 졸업한 뒤 그는 국내 굴지의 건설 회사에 입사했다. 연수원에서 아내를 만나서 2년의 연애 끝에 결혼했다. 맞벌이하며 돈을 모은 결과, 결혼 13년 차에 이른 지금은 살고 있는 아파트 외에도 주식과 현금이 꽤 됐다.

"집안이 몰락하기 전에는 여행 작가가 꿈이었어요. 중학교 졸업 기념으로 아버지가 갓 출시된 니콘 F5를 선물해줬죠. 디지털카메라가 나오기 전이었는데, 정말 기뻤어요!"

"지금은 뭐가 꿈이에요?"

"지금은 바다가 내려다보이는 남해에서 카페를 하는 게 꿈이에요."

"그럼 해보세요! 남해에 내려가서 카페를 차릴 정도의 여유는 있잖아요?"

"그렇긴 한데요, 애들 교육도 남아 있고…… 무엇보다도 아버지처럼 실패할까 봐 두려워요. 아직도 가구마다 빨간딱지가 붙어 있는 꿈을 꾸곤 하거든요."

그는 이루기 위해서 꿈을 꾸는 것이 아니었다. 출퇴근 시간에 아버지의 유산을 물려받은 성공한 사업가로 살아가는 상상을 하듯이, 그의 꿈은 현실의 고단함을 잠시 잊기 위한 백일몽에 불과했다.

"사실 가장 큰 두려움은 외로움이에요. 친구들은 모두 수도권에 사는데 연고도 없는 곳에 가서 살면 아무래도 외롭지 않겠어요?"

세월이 흘러서 나이를 먹었지만, 그의 정신적 연령은 크게 나아지지 않았다. 아무래도 자아를 찾으려는 노력이 부족했기 때문이리라.

2013년에 개봉한 벤 스틸러 감독의 〈월터의 상상은 현실이 된다〉는 1939년 발표된 제임스 서버의 단편소설 〈월터 미티의 은밀한 생활〉이 원작이다.

소설은 영화와 달리 주인공 월터 미티가 평범한 주말에 겪는 사건이 전부이다. 인간관계에 쉽게 상처받고 공상에 빠져드는 중년 남성을 통해서 1930년대 대공황의 여파로 위축된 소시민의 삶을 엿볼 수 있다.

소설이 평론가들에게 호평받자 연극으로 여러 차례 무대에 올랐고, 1947년에는 각색되어 영화로 제작되었다. 2013년 작품은 이때 각색된 내용을 기본 틀로 삼고 있다.

"세상을 보고 무수한 장애물을 넘어 벽을 허물고 더 가까이 다가가 서로를 알아가고 느끼는 것, 그것이 바로 우리가 살아가는 인생의 목적이다."

영화에 나오는 대사이다. 주인공인 월터 미티(벤 스틸러)가 다니는 잡지사 〈라이프〉의 모토이며, 직장 상사이자 디지털 시대에도 필름만을 고집하는 사진작가인 숀 오코넬(숀 펜)이 월터에게 선물한 지갑에 인쇄된 문구이기도 하다. 앞으로 펼쳐질 내용에 대한 복선이자 주제라 할 수 있다.

월터는 온라인 만남 사이트에 올라온 직장 동료인 셰릴에게 '좋아요' 버튼을 누르는 데도 몇 번을 망설이는 소심남이다. 그러나 그는 온갖 용감한 상상으로 자신의 소심한 삶을 위로하며 살아간다.

오프라인 잡지사는 합병되면서 온라인 잡지사로 바뀔 예정인데 마지막 잡지를 출간하려고 한다. 숀 오코넬은 25번째 필름을 현상해서 표지로 써달라고 부탁하는데, 공교롭게도 25번째 필름은 사라지고 없다.

필름현상부에서 근무하는 월터는 필름의 행방을 묻기 위해서, 세계 곳곳을 돌며 사진을 찍고 있는 숀 오코넬을 찾아 나선다. 상상만 했던 모험이 마침내 현실이 된다.

월터가 그토록 찾아다녔던 숀 오코넬을 만난 곳은 히말라야

이다. 길 안내를 도왔던 두 명의 셰르파와도 헤어져 혼자서 고
독하게 산을 오른다. 인생에서 간절히 원하는 것을 만나기 위해
서는 혼자 있는 시간이 필요함을 상징적으로 보여준다.

히말라야 중턱에 잠복해 있던 숀 오코넬은 눈표범을 발견한
다. 월터가 왜 찍지 않느냐고 묻자, 가끔은 안 찍을 때도 있다고
말한다. 정말 멋진 순간에는 나 자신을 위해서, 지금 이 순간에
머무르기 위해서…….

영화를 보면서 개인적으로 가장 좋았던 부분은 공항에 감금
되어 있던 월터의 신분을 보증하기 위해 찾아온 온라인 만남 사
이트 운영자와의 대화였다. 그는 월터에게 '종이의 작은 부분'
인 줄 알았는데 실제로는 전혀 달라서 놀랐다고 말한다.

> 세계는 한 권의 책과 같아서 여행하지 않는 자는 오직 그
> 책의 한 페이지만 읽은 것과 다름없다.
>
> _성 아우구스티누스

어쩌면 수많은 현대인이 고독이 두려워서, A4 용지의 작은
부분으로 살아가다가 일생을 마치는 건지도 모르겠다는 생각
이 들었다.

나는 누구인가?

철학적인 질문에 대한 답을 찾는 일은 중요하다. 사고의 영역을 넓혀주고, 어떻게 살아야 후회 없는 인생을 살 수 있는지 알 수 있기 때문이다. 그러나 그렇게 얻는 결과물을 삶에 반영하지 않고, 지식으로만 사용한다면 아무 소용이 없다.

> 우리가 무엇을 생각하고, 무엇을 알고 있고, 무엇을 믿고 있는지는 별로 중요하지 않다. 정말로 중요한 것은 우리가 무엇을 행동으로 실천하느냐이다.
>
> _존 로스킨

외로울 때 할 수 있는 행동은 하나지만 고독할 때 할 수 있는 행동은 여러 가지이다. 책을 읽을 수도 있고, 명상에 잠길 수도 있고, 해보고 싶은 일에 도전해보거나, 원하는 것을 찾아 길을 떠날 수도 있다.

혼자 있는 시간에 고독을 즐길 수 없다면 실제로 이룰 수 있는 것은 많지 않다. 인생은 종이의 작은 부분처럼 협소해질 뿐이다.

우리에게 혼자 있는 시간이 꼭 필요한 이유 중 하나는 내 인생의 주인공이 바로 나라는 사실을 깨우쳐주기 때문이다. 내가 인생의 주인공임을 각성할 때 삶을 가로막고 있던 온갖 장벽이 무너지고, 세계는 무한히 확대되어서 내가 머물지 않는 곳이 없고, 비로소 참된 자유인이 된다.

　외로워하지 말고, 고독 속으로 걸어 들어가라.

　새로운 세계가 기다리고 있다.

무기력한 날들이여, 안녕!

돌이켜보면 바로 그때 난 여행을 떠나기로 결심했던 것 같다. 어디로 떠날지 얼마 동안 떠나 있을지 그런 건 확실하지 않았지만, 피서차 떠나는 여행이 아닌 것만은 분명했다. 난 돈도 없고 꿈도 없었다. 하지만 다시 한번 삶의 물결 속에서 헤엄쳐보고 싶었다. 싸우고 싶었다. 지키기 위해서든 물리치기 위해서든. 행복과 두려움을 다시 맛보고 싶었다.

_장 폴 뒤부아,《이 책이 너와 나를 가깝게 할 수 있다면》

(밝은세상) 중에서

이 소설은 한때 무기력과 절망감에 빠졌던 저자가 어떻게 그 상황을 헤쳐 나왔는지에 대한 상황을 술회하는 방식으로 되어 있다.

폴 페레뮐터는 아내와 이혼하고, 삶의 작은 기쁨이던 반려견마저 죽자 무기력에 빠진다. 그는 자신의 의식을 절망의 구렁텅이로 몰아넣은 아버지의 죽음을 파헤치기 위해서 여행을 떠난다.

그는 여정을 통해서 다양한 인물을 만난다. 또한 아버지의 숨겨진 비밀을 알게 되고, 대자연과의 만남 속에서 두려움이라는 숲을 건너, 마침내 행복에 이르게 된다.

우리는 막연한 무엇인가를 마음속에 안고서 살아간다. 그 막연함은 누군가에는 지겨움이기도 하고, 누군가에게는 두려움이기도 하고, 누군가에는 자유이기도 하다.

여행의 장점 중 하나는 내 마음속에 자리한 막연함의 정체를 어느 순간 알 수 있게 해준다는 데 있다. 삶이나 인간관계에 지쳤을 때 여행을 떠나면 해결책을 찾기도 한다. 그래서 여행에서 돌아와서 기존의 직업을 버리고 새로운 일을 시작하기도 하고, 오래된 연인과 이별하고 새로운 사랑을 시작하기도 한다.

인간은 보이는 것만 믿는 경향이 있다. 눈이 바깥으로 향해 있기 때문이다. 불안감은 눈에 보이지 않는다. 무엇이 나를 불안하게 하는지 알고 싶다면 고독 속으로 침잠해야 한다. 시선을 안으로 돌려서 나의 내면을 응시해야 한다. 그것의 정체를 밝혀내지 못하면 막연한 불안감을 안은 채 평생 외로움에 떨며 살아가야 한다.

사실 막연한 것들과는 작별하기가 쉽지 않다. 그것이 사랑이든, 일이든, 무기력이든, 두려움이든, 불만족스러운 현재이든.

무엇인가와 작별을 할 수 있으려면 내적인 거리 두기가 선행되어야 한다. 자신을 둘러싸고 있던 정체불명의 '당연함'은, 그것이 그에게 어떤 의미가 있는지 확실하게 알려주는 '명료함'으로 바뀌어야 했다. 전체적인 윤곽을 지닌 그 무엇인가로 응집되어야 한다는 뜻이었다.

_파스칼 메르시어, 《리스본행 야간열차》(들녘) 중에서

사람들이 여행을 좋아하는 이유는 새로운 세계와의 만남도 있지만 내적인 거리 두기가 가능하기 때문이다. 너무 가까이 붙어 있으면 칡넝쿨처럼 감정이 엉겨 있어서 실체를 정확히 파악하기 어렵다.

일상을 벗어나서 여행하다 보면 그것의 정체가 명료해진다. 이제 그만 작별해야 할지, 용기를 내서 한 걸음 더 다가가야 할지 분명해진다.

"일도, 사랑도 의욕이 없어요. 이렇게 재미없는 세상을 아직 반도 채 못살았다니, 하루하루가 끔찍해요."

D는 어려서부터 다재다능했다. 운동도 잘했고, 그림도 잘 그렸고, 글도 잘 썼다. 헌칠한 데다 성격까지 쾌활해서 인기도 많았다. 그는 명문 외고를 졸업하고 명문 대학에 들어갔다.

부모님은 진심으로 기뻐했다. 일식집을 하던 그의 아버지는 합격 소식을 듣고, 그날 손님들에게 무료로 음식을 제공했다.

그는 방송국 PD가 꿈이었다. 그러나 아버지의 강력한 권유로 3학년 2학기 때부터 행정고시를 준비했다.

마음만 먹으면 하지 못할 일이 없다고 믿었던 시절이다. 빠르면 1년, 늦어도 3년 안에는 합격할 자신이 있었다. 그러나 현실은 예상대로 흘러가지 않았다.

5년이라는 아까운 세월을 바쳤지만, 얻은 건 무엇 하나 없었다. 이대로 가다가는 고시낭인으로 전락해서 인생이 꼬일 것만 같았다.

'애초부터 아버지 말을 듣는 게 아니었어!'

부모님은 다시 도전해보라고 했지만, 그는 부모님 몰래 취업으로 방향을 틀었다.

그러나 불황인 데다 나이도 적잖다 보니 그마저도 쉽지 않았다. 수십 차례 고배를 마신 끝에 중견기업 재무팀에 입사했다.

그는 기뻤다. 그러나 부모님은 조금도 기뻐하지 않았다. 차라리 몇 년 더 행시에 도전해보라고 부추겼다. 그는 취업하고 얼마 지나지 않아서 오피스텔을 얻어 독립했다. 부모님과 마주치는 일 자체가 스트레스였기 때문이다.

입사하고 나서 한동안은 업무를 배우느라 정신이 없었다. 업무 분장이 제대로 이루어지지 않아서 자금관리를 맡고 있다가도 회계팀 업무를 지원해줘야 했다. 월초나 연초에는 업무량이 많아서 야근하기 일쑤였다.

3년 차가 되자 비로소 업무가 한눈에 들어왔고, 인원이 충원되며 업무 분장이 제대로 이루어졌다. 그는 자금관리를 맡았는데, 업무를 빠르게 처리할 수 있는 다양한 프로그램을 자체적으로 개발했다. 업무가 주어지면 재빨리 처리한 뒤, 적당히 시간을 끌다가 상사에게 올렸다.

무기력증이 밀려온 것은 대리 2년 차 때였다. 업무로 말미암은 긴장감이 사라지자 회사생활이 무료해졌다. 입사하고 나서 사귄 애인과도 별것도 아닌 일로 다투다가 헤어졌다.

가끔 미래를 생각하면 가슴이 답답했다. 부모님 말씀처럼 퇴직하고 행정고시에 다시 도전하거나 지금이라도 로스쿨에 도전해볼까, 하는 생각이 들었다. 그러나 실패할지도 모른다는 불안감 때문에 실행에 옮길 수는 없었다.

퇴근하고 나면 만날 사람도 없었다. 예전에 그 많던 친구는 다 어디로 사라졌는지 신기할 따름이었다. 오피스텔 침대에 누워 유튜브를 보거나 넷플릭스, 왓챠, 티빙 등에서 영화나 드라마를 보다 보면 또 하루가 허망하게 지나갔다.

요즘 들어 그는 무기력증에다 극심한 외로움까지 느끼고 있었다. 어쩌면 우울증인지도 모른다는 생각마저 들었다. 그러나 병원에 가기 귀찮아서 하루하루 버티는 중이었다.

"원래 인생이 이렇게 지루한 건가요?"

《걱정이 많아서 걱정인 당신에게》를 집필하면서 현대인이 무기력에 빠지는 이유를 일일이 찾아본 적이 있다. 내가 찾아낸 이유는 10가지였다. 하지만 그것들은 표면적인 이유일 뿐, 원인은 단 한 가지이다. 그것은 바로 뇌가 수동적인 상태로 변해 있기 때문이다.

뇌를 능동적인 상태로 바꾸는 순간, 마법처럼 무기력이나 외로움은 사라지고 다시금 흥미진진한 인생이 펼쳐진다.

이제는 부모에 대한 원망을 그만 접을 때다. 그 누구에 대한 원망도 마찬가지다. 지금 당신이 처한 상황도 그만 원망하라. 설사 최악의 상황에 내던져졌다고 해도 삶의 방향을 바꾸는 것은 이제 당신의 선택이다. 배우고 성장하고 출신을 극복하는 것은 당신의 선택이다. 지금 이 순간부터는 당신이 선택해야 한다.

_개리 비숍, 《내 인생 구하기》(웅진지식하우스) 중에서

누구도 대신 살아줄 수 없는 것이 인생이다. 무기력한 삶에서 벗어나고 싶다면, 지독한 외로움을 끝장내고 싶다면, 먼저 고독 속으로 들어가야 한다.

우리에게 혼자 있는 시간이 필요한 이유 중 하나는 막연하게 느끼고 있었던 것들의 정체를 선명하게 보여주기 때문이다. 또한 그동안 힘들었던 날들은 위로해주고, 남은 날들은 잘 살아가라고 격려해준다.

무기력한 날들에게 '안녕!'을 고하는 법을 알려준다.

고독이 성장 욕구를 자극한다

수많은 동료가 있었음에도 불구하고 이 시기에 나는 극도로 고독했고, 결국은 이 고독조차 사랑하게 되었다는 것을 기억한다. 정신적으로 고독했던 나는 나의 지난 전 생애를 되돌아보았고, 아무리 사소한 것이라도 모든 것을 다시 취해서 나의 과거를 깊이 음미해보고, 용서 없이 엄격하게 자신을 평가해보았으며, 심지어 어떤 때는 이러한 고독을 나에게 보내준 운명에 감사할 정도였다. 이러한 고독이 없었다면 자신에 대한 어떠한 반성도 지난 생애에 대한 엄격한 비판도 없었을 것이다. 그리고 그 당시 얼마나 많은 희망으로 나의 심장이 두근거렸는지!

_도스토옙스키, 《죽음의 집의 기록》(열린책들) 중에서

54

1849년 12월 22일, 러시아 제국의 수도 상트페테르부르크의 세묘노프스키 광장. 스물여덟 살의 도스토옙스키는 사형 선고를 받고 초조한 마음으로, 하얀 두건을 쓴 채 병사들의 총구 앞에서 자신의 차례를 기다리고 있다.

처형이 시작되려는 순간, 나팔 소리가 울려 퍼지고 전령이 나타나서 사형을 중지시킨다. 전령은 시베리아 유형으로 감형 조치한다는 황제의 칙령을 낭독한다. 도스토옙스키는 극적으로 목숨을 구하지만, 역사학자들은 니콜라이 1세가 자신의 자비심을 극대화하기 위해서 꾸민 자작극으로 보고 있다.

도스토옙스키는 시베리아의 옴스크 감옥에서 4년에 걸친 유형생활을 한다. 《죽음의 집의 기록》은 참혹했던 유형생활을 사실적으로 그리고 있다. 그가 유배지의 감옥에서 보낸 4년은 그의 문학 전반에 걸쳐서 지대한 영향을 끼쳤다.

독서 모임에서 불온서적을 낭독했다며 사상범으로 몰렸다가 사형 직전에 목숨을 건진 도스토옙스키. 유형생활을 하는 동안 지독히도 고독했던 그는 자신의 지난 생애를 돌아보며 새로운 삶을 살아가겠노라고 다짐한다.

감옥이라는 곳은 좁은 공간에 갇힌 수많은 사람으로 북적거리지만 실상 세상과 격리되어서 외로운 곳이다. 감옥에 갇혀 있는 동안 스스로 마음을 달리 먹고, 고독 속에 잠겨 성장의 계기로 삼은 사람은 한둘이 아니다.

고대 로마 제국의 정치가이자 철학자였던 보에티우스는 누명을 쓰고 끌려간 감옥에서 처형을 기다리는 동안《철학의 위안》을 집필했고, 오스카 와일드는 레딩 감옥에 갇혀 있을 때《심연으로부터》를 썼고, 이탈리아의 정치가인 안토니오 그람시는 11년 동안 감옥생활을 하면서 총 29권, 2,848페이지에 이르는《옥중수고》와《감옥에서 보낸 편지》등을 쓰며 왕성한 집필 활동을 했으며, 노벨문학상을 받은 알렉산드르 솔제니친 역시 시베리아 수용소에서 10년 동안 강제 노동을 하면서《이반 데니소비치의 하루》를 구상했다.

"축하해! 아버님이 몹시 자랑스러워할 거야."

나는 K의 어깨를 다독여줬다.

그녀의 아버지는 4년 전, 돌연사했다. 술을 마시고 집에서 잠들었는데, 아침에 흔들어보니 숨을 거둔 상태였다.

작은 사업체를 운영하던 아버지가 갑자기 세상을 떠나자, 정신이 번쩍 들었다. 아버지에게 은연중 기대고 있었는데 졸지에 기댈 곳이 사라져버린 느낌이었다.

앞으로 혼자 힘으로 먹고살려면 자격증이라도 하나 따야겠다는 생각이 들었다. 경기도에 소재한 대학의 4학년생이던 그녀는 아버지 장례가 끝나자, 슬픔을 추스르고 공인회계사를 준비하기 시작했다.

그녀는 경제학이나 경영학 전공자도 아니었다. 불문학도여서 독학사나 학점은행제를 통해서 필수 학점을 채워야 했다.

고시원에 처박혀서 밤낮으로 공부만 했다. 아버지가 보고 싶고, 친구가 그립고, 연애가 하고 싶을수록 공부에만 매달렸다.

"보상 심리라고나 할까요. 너무 외로우니까 일종의 오기가 생기더라고요. 내가 공부하다 죽는 한이 있더라도 반드시 합격하겠다고 이를 갈았죠!"

그녀는 세상과도 단절한 채 고독 속에서 꼬박 4년을 공부했고, 아버지가 돌아가시기 전에는 한 번도 상상해본 적 없던 공인회계사를 땄다.

스티븐 소더버그 감독의 영화 〈에린 브로크비치〉가 있다. 1996년 법정에서 3억 3천만 달러(약 4,000억 원)의 배상액이 결정된 퍼시픽 가스 앤 일렉트릭 회사에 대한 집단 소송 사건이 배경인데, 줄리아 로버츠가 주연으로 열연해서 아카데미 여우주연상을 받았다.

두 번의 이혼 경력을 지닌 에린 브로크비치(줄리아 로버츠)는 세 아이를 키우고 있지만 은행 잔고는 16달러가 전부이다. 그녀는 우연히 알게 된 변호사 에드 마스리를 무작정 찾아가 일자리를 달라고 떼를 쓰고, 결국 임시계약직으로 장부를 정리하는 일을 맡게 된다.

열심히 일을 하던 그녀는 에드 마스리가 떠넘긴 일을 맡아서 서류를 검토하다가 이상한 점을 발견한다. 퍼시픽 가스 앤 일렉트릭 회사가 주민들의 진료비를 부담해주고, 부동산도 시세보다 높은 가격으로 매입한다는 사실에 의문을 느낀다.

파고들어 가보니 퍼시픽 가스 앤 일렉트릭 회사에서 사용한 '6가 크롬'이라는 중금속에 오염된 식수를 마신 주민들이 암에 걸렸음을 알게 되고, 주민들을 설득해 집단 소송에 들어간다. 정신없이 뛰어다니다 보니 하루는 애인이자 보모인 조지가 떠나겠다며 다른 일을 찾아보라고 말한다.

그러자 에린이 이렇게 말한다.

"난 이 일을 그만둘 수 없어. 내 평생 처음으로 사람들로부터 존경을 얻었거든."

에린은 비록 학력도 높지 않지만 성공에 대한 열정, 즉 누구보다도 강렬한 성장 욕구를 품고 있었다. 그녀의 성장 욕구는 고독 속에서 일에 매진할 수 있는 원동력이었다.

성장은 인간의 본능이다.

미국의 심리학자인 클레이튼 폴 앨더퍼는 매슬로우의 욕구 단계설을 발전시켜 ERG이론을 내놓았다. 인간은 생존 본능에 따른 존재 욕구, 사회적 동물이므로 그에 따른 관계 욕구, 자신의 가치를 확인하고 더 나은 존재가 되고 싶은 성장 욕구를 지닌다는 것이다.

이 이론에 의하면 성장 욕구가 충족되지 않을 때 관계 욕구에 집착하게 되고, 관계 욕구도 충족되지 않을 때는 존재 욕구에 집착하게 된다는 것이다.

인간은 사회적 존재이지만 개별적인 존재이다. 인간관계에 지나치게 매달리는 것은 이런저런 사정으로 성장이 멈췄거나, 성장할 수 없는 상황에 놓여 있어서 성장 욕구의 결핍을 느끼기 때문일 수도 있다.

> 참된 정신의 성장과 발달을 위해서는 고요함과 침묵의 생활이 필요하다.
>
> _앙리 프레데릭 아미엘

인간관계에서 멀어지게 되면 어떤 사람들은 외로움에 떠는 반면, 어떤 사람들은 보상 심리가 작동하면서 성장 욕구를 느낀다. 분발해야겠다는 생각과 함께 내가 지닌 장점이 무엇인지 스스로 찾아내고, 그것을 끄집어내기 위해서 높은 집중력을 발휘한다.

외로움은 시간이 지날수록 에너지를 앗아가 점점 인간을 나약하게 만든다. 하지만 고독은 시간이 지날수록 에너지를 충전시켜줘 점점 인간을 강인하게 만든다.

우리에게 혼자 있는 시간이 필요한 이유 중 하나는 성장 욕구를 자극해서 꿈을 실현할 수 있도록 도와주기 때문이다. 불안스레 흔들리는 우리의 마음을 추슬러주며, 기꺼이 성장과 성공의 동반자가 되어준다.

근본 원인을 찾아 삶을 개선한다

그는 다시 톰 리플리가 되는 게 싫었다. 별 볼 일 없는 사람이 되고, 다시 자신의 오래된 습관을 되찾고, 사람들이 그를 얕보다가 어릿광대처럼 굴지 않으면 금방 지루해지는 게 싫었다. 그리고 몇 분 동안 사람들을 재밌게 해주는 것 말고 아무것도 할 수 없고 아무 능력도 없다는 걸 깨닫는 게 싫었다. 기름얼룩이 묻어 있고 다림질하지 않은 초라한 옷, 새것일 때도 그다지 좋아 보이지 않던 옷을 입는 자신으로 되돌아가는 게 싫었다.

_퍼트리샤 하이스미스, 《리플리 1: 재능 있는 리플리》(을유문화사) 중에서

1955년에 발표된 이 소설은 사이코패스인 '톰 리플리'라는

61

새로운 유형의 범죄자를 탄생시켜서 최고의 범죄소설 중 하나로 손꼽는다.

범죄소설은 대개 범인을 잡으려는 형사 시점이나 전지적 작가 시점인 데 반해 이 소설은 특이하게도 범죄자인 톰 리플리 시점이다. 책을 읽다 보면 주인공의 심리를 세밀하게 엿볼 수 있을 뿐만 아니라, 심적으로 주인공에게 공감하게 된다.

스물다섯 살인 톰 리플리는 돈도 없고, 직업도 없는 가난한 청년이다. 그런 그에게 재벌인 그린리프가 찾아와서, 이탈리아에 있는 아들 디키를 찾아가서 뉴욕으로 돌아오도록 설득해달라고 부탁한다. 여행 경비를 부담하겠다는 말에 혹한 그는 호화로운 유람선을 타고 이탈리아로 떠난다.

그는 학교를 같이 다녀서 얼굴만 알고 있는 디키에게 접근해서 친구가 된다. 한동안 잘해주던 디키는 이내 톰에게 싫증을 느끼게 되고, 우연한 일로 말미암아 자존심에 상처를 입은 톰은 디키를 죽인 뒤, 그의 행세를 한다. 그러다 디키의 친구에게 발각되자 다시 그를 죽인다.

경찰의 추격을 받게 된 톰은 디키가 친구를 죽이고, 자살한 것처럼 조작한다. 톰은 디키가 남긴 유서인 것처럼 꾸며서 디키의 재산을 양도받는다.

톰 리플리라는 캐릭터 자체가 워낙 흥미롭다 보니 영화로도 제작되었다. 1960년에 발표된 르네 클레망 감독의 〈태양은 가득히〉에서는 알랭 들롱이 리플리 역을 맡았고, 1999년에 발표된 안소니 밍겔라 감독의 〈리플리〉에서는 맷 데이먼이 리플리 역을 맡아서 열연하였다.

이 소설은 1955년에 1부가 발표되었고, 그 뒤 36년에 걸쳐서 5부, 총 다섯 권으로 완성되었다. 영화는 1부의 내용만 다루고 있다.

비천한 신분이었던 톰 리플리는 마침내 그가 소망했던 대로 부자가 되었다. 그렇다면 그의 꿈은 정말 이루어진 것일까?

톰 리플리는 소심한 데다 열등감도 심한 청년이다. 그가 별 볼 일 없던 사람이었던 근본 원인은 내부에 있다. 소설에서는 그가 원하는 걸 얻어 성공한 듯 보이지만 실상 얻은 것은 모래 위에 쌓은 성과 다를 바 없다. 언제 파도에 휩쓸려 갈지 모르는 불안 속에서 하루하루를 살아야 한다. 정상인이라면 불가능한 삶이다.

"휴우, 아직도 제가 잘한 건지 모르겠어요."

N은 시무룩한 얼굴로 한숨을 내쉬었다. 그는 한의학과 2학년 1학기를 다니다가 자퇴했다. 한의사라는 직업이 적성에 맞지 않다는 사실을 깨달았기 때문이다.

사실 그가 가고 싶은 곳은 의대였다. 아니, 의대조차도 자기 의사가 아닌 부모님의 의사였다. 재수했음에도 의대 갈 성적이

나오지 않자, 부모님은 배치표를 들여다보다가 한의대를 권했다. 그는 조금은 찜찜했지만, 늘 그랬던 것처럼 그 뜻에 순순히 따랐다.

그런데 막상 대학에 와서 공부를 해보니 전혀 흥미를 느낄 수 없었다. 자퇴하고 나자 부모님은 다시 의대 입시를 준비하리라 믿었다. 그러나 그는 의대가 적성에 맞는다는 보장도 없는 상황에서 공부에만 미친 듯이 매달리고 싶지는 않았다.

"그럼 뭘 하고 싶은데?"

"모르겠어요. 여태껏 공부하느라 정신이 없어서, 제 미래에 대해서 한 번도 진지하게 생각해본 적이 없거든요."

나는 내심 어이가 없었다. '꿈은 학생의 의지와는 무관하게 수능 성적과 배치표에 의해서 결정된다'는 말은 들은 적 있었다. 아무리 그렇다 하더라도 어려서부터 수재 소리를 듣고 자란 청년이 공부하느라 자신의 미래에 대해서 생각해본 적이 없다니, 뭔가 잘못돼도 크게 잘못됐다는 생각이 들었다.

"저는 그런 것들을 위해 기도하고 싶어요. 물질적인 것들 있잖아요. 멋진 집, 명품 시계, 자동차, 고급 의류 같은 게 다 사라질 수도 있는데, 이런 것들은 사라지지 않았으면 좋겠어요. 그것들을 위해 기도합시다, 아멘."

아담 메케이 감독의 〈돈 룩 업〉에 나오는 대사다. 혜성 충돌로 지구 종말이 다가오자, 대통령 비서실장이 지구 시민들을 향해 마지막으로 하는 말이다.

이 영화는 지구를 향해 다가오는 새로운 혜성을 천문학을 전공하는 대학원생인 케이트 디비아스키(제니퍼 로렌스)가 처음 발견하는 데서부터 시작된다. 담당 교수인 랜달 민디(레오나르드 디카프리오)는 혜성의 궤적을 계산해보고, 지구를 향해 다가오고 있음을 알아낸다.

두 사람은 지구방위 합동본부장과 함께 백악관을 방문하지만, 대통령과 비서실장은 중간 선거를 위해서 비밀에 부치기로 한다. 두 사람은 TV쇼에 나가서 비밀을 폭로하나 진행자들은 프로그램의 재미와 자신의 명성을 유지하기에 급급하다. 시청자 역시 혜성에 관한 관심보다는 쇼에서 보여주었던 출연자의 태도를 놓고 왈가왈부한다.

대법관 후보자의 성적 스캔들이 드러나자 백악관에서는 혜성의 존재를 발표하고, 두 사람을 이용해 정치적 위기를 타개하려 한다. 핵폭탄을 실은 위성을 보내서 혜성의 궤도를 바꾸려고 시도한다.

그러나 혜성에는 140조 달러 가치의 희귀 광물이 있다는 보고가 올라오고, 결국 미국은 희토류를 얻기 위해서 위성을 30개로 쪼갠 뒤 지구에 연착륙시킨다는 새로운 계획을 채택한다. 핵폭탄을 실은 위성은 돌아오고, 미국을 제외한 다른 나라에서 세운 계획마저 실패로 돌아가면서, 지구는 멸망을 맞는다.

블랙 코미디라고는 하지만 우리에게 익숙한 현실의 부조리가 연이어 펼쳐진다면 정말로 저럴 수도 있겠다는 생각이 든다. 현생 인류는 부와 명예에 지나치게 집착한 나머지 기본 바탕인 '생존'을 무시한 채 살아가고 있는 건 아닌지 돌아보게 하는 영화다.

주변에서 자기 삶에 불만을 지닌 사람들을 찾는 건 그리 어렵지 않다. 그들은 자신의 불행이 부모의 가난, 충분치 못한 월급, 형편없는 외모, 내세울 것 없는 스펙, 잘못된 만남 등등에 있다고 생각한다.

그러나 사실 그런 것들은 지엽적이다. 정작 중요한 문제는 나 자신조차도 불만의 근본 원인을 모르고 있다는 데 있다.

《능엄경》에는 '견지망월(見指亡月) 견월망지(見月亡指)'라는 법문이 실려 있다. 손가락으로 달을 가리키면 손가락을 보지 말고 달을 보라는 말이다. 즉, 지엽적인 문제에 사로잡히지 말고 실체를 보라는 의미이다.

실체를 봐야 문제를 해결할 수 있다. 달처럼 눈에 보이는 것이라면 달을 보면 된다. 그러나 눈에 보이지 않는 것이라면 생각을 해야 한다.

생각은 '인생'이라는 이름의 배를 이끌고 가는 방향키 같은

것이다. 생각하기를 귀찮아한다면 인생이 어디로 흘러갈지 그
누구도 예측할 수 없다.

> 인생은 우리가 종일 생각하는 것으로 이루어져 있다.
>
> _랠프 월도 에머슨

삶은 선택의 연속이다. 중요한 인생의 갈림길에서는 잠시 멈
춰 서서 생각해야 한다. 후회 없는 결정을 내리고 싶다면 고독
속에서 사색에 잠겨야 한다.

외로움은 이성이 아닌 감정이다. 올바른 선택을 하는 데 도움
되지 않는다. 지엽적인 부분에 사로잡히면 본질과는 점점 멀어
질 뿐이다.

혼자 있는 시간에 우리가 고독해야 하는 이유 중 하나는 본질
을 파악해서, 올바른 판단을 내릴 기회를 제공하기 때문이다.

사색은 오로지 고독한 자의 몫이다. 삶이 불만족스럽다면 혼
자 있는 시간을 확보한 뒤, 고독 속으로 걸어 들어가라. 고독 속
에서 나에게 필요한 제대로 된 질문을 던져라.

고독은 객관적인 시선으로 나의 삶을 바라보게 하고, 현재의
삶이 불만스러운 근본 원인을 찾아낸다.

궁극적으로는 내가 원하는 삶이 무엇인지를 일깨운다.

삶은 기회와 맞닿아 있다

이제 나는 자유로우며 모든 것을 다시 시작할 수 있다. 이름을 떨친 나의 조상 빌랄처럼, 노예였다가 예언자 마호메트가 속박에서 풀어주고 세상으로 내보낸 그 사람처럼, 드디어 나는 또 하나의 빌랄족이 되어 부족의 시대에서 벗어나 사랑의 시대로 들어선다.

떠나기 전에 나는 바닷속의 돌처럼 매끄럽고 단단한 노파의 손을 만졌다. 단 한 번만, 살짝, 잊지 않기 위하여.

_르 클레지오, 《황금 물고기》(문학동네) 중에서

프랑스 현대문학의 거장인 J. M. G. 르 클레지오는 2008년 노벨문학상을 수상하였다. 《황금 물고기》는 예닐곱 살 때 인신매

매단에 납치된 '라일라'라는 소녀의 고단한 인생 여정을 그린 소설이다.

이 소녀는 흑인인 데다 설상가상 한쪽 귀도 멀었다. 그녀의 삶은 바람 앞의 촛불처럼 위태롭다. 그러나 그녀는, 상처는 입을지언정 참혹한 현실에 무릎 꿇지 않는다. 강물을 헤엄치는 물고기처럼 수많은 그물과 위험 속을 빠져나와서, 마침내 자신의 뿌리를 찾아서 아프리카로 돌아간다.

독일 국적의 스위스 화가인 파울 클레의 1925년 작품인 〈황금 물고기〉가 있다. 그림 속의 물고기는 어둠 속에서 빛을 발한다. 그러나 라일라의 삶은 그림 속 물고기처럼 아름답게 반짝이지 않는다. 오히려 그 반대에 가깝다. 그럼에도 라일라는 강인한 생명력을 지니고 있다.

역경 앞에 굴하지 않고 꿋꿋하게 살아간다는 것은 그 자체로 대단한 일이다. 죽음은 암흑뿐이지만 삶은 빛이다. 암흑은 한 가지 빛이지만 삶은 다채롭다. 아무리 참담한 삶일지라도 그 속에는 새로운 기회와 미래에 대한 희망이 숨 쉬고 있다.

멕시코 작가 아난드 딜바르의 소설 《그렇게 보낼 인생이 아니다》의 주인공 '나'는 라일라와는 상반되는 인물이다.

나는 닥치는 대로 인생을 살아가다가 약혼녀의 만류에도 마약에 취한 채 운전한다. 교통사고가 나서 식물인간이 된 상태에서 깨어난다. 누구도 의식이 있음을 알아채지 못한다. 나는 이렇게 고통스럽게 사느니 차라리 죽는 게 낫다고 생각한다.

투덜거리고 있는데 누군가의 목소리가 들려온다. 그동안 한 번도 듣지 못했던 영혼 깊숙한 곳에서 들려오는 소리다. 나는 고독 속에서 '깊은 영혼'과의 대화를 통해 자아 성찰을 한다. 뒤늦게 가족의 소중함, 약혼자의 사랑, 인생의 아름다움 등을 깨닫는다.

약혼녀가 아이를 낳아서 그 어느 때보다 살고 싶다는 욕구가 강해졌을 때, 의사와 간호사가 나의 장기를 매매하기 위해서 생명 유지 장치를 하나씩 제거한다. 나는 살고 싶어서 몸부림치다가 기적적으로 깨어난다.

생명을 갖고 있다는 것이야말로 최고의 축복이다. 하지만 대다수는 그 소중함을 알지 못한 채 살아간다.

'나는 여러분이 그토록 원하던 나의 죽음을 완성하러 왔습니다. 여러분 앞에서 가장 멋지게 죽고 싶습니다.'

김의석 감독의 〈죄 많은 소녀〉 첫 부분에서 영희가 반 친구들 앞에서 수화로 말한 내용이다. 자막이 나오지 않아서 궁금해하지만, 영화 후반부에 가면 다시 한번 등장한다. 아이들의 복잡한 심리 상태가 잘 드러나 있는 수작이다.

E는 대학을 졸업하고 우울증이 심해서 정신과 치료를 받았다. 자살 시도도 두 번이나 했지만 다행히 모두 미수로 끝났다.

지인의 아들인 데다 어릴 때부터 나를 잘 따르던 아이였다. 병문안을 갔다가 왜 죽으려고 했는지 슬쩍 이유를 물어보았다.

"살아야 할 이유를 모르겠어요."

삶에 아무런 희망도 보이지 않는다고 했다. 취업이나 결혼을 할 수 있을 것 같지도 않고, 설령 한다고 해도 정상적인 생활을 할 자신도 없다고 했다. 모두 행복하게 살아가는데, 자신만 고통 속에서 살아가고 있다고 했다.

우리는 그날 꽤 많은 이야기를 나눴다. 우울한 이야기만 늘어놓는 와중에 그의 눈에서 가끔 빛이 났다. 죽고 싶은 마음 한편으로는 살고 싶은 마음도 강해 보였다.

병실을 나서자, 지인이 달려와서 무슨 이야기를 그리 오래 나눴느냐고 물었다. 자기한테는 말 한마디도 하지 않는 아이와 긴 대화를 나누는 게 신기한 모양이었다.

"그동안 많이 외로웠나 봐요. 혼자만의 세계에 갇히지 않도록 대화를 자주 하세요."

지인에게 내 생각을 솔직하게 말해주었다. 그 뒤로 3년이 지났는데, 정신과 치료도 꾸준히 받아서 상태도 좋아졌고, 취업도 했다고 했다.

'인간의 뇌'는 사람들의 예상이나 기대처럼 이성적이지 않다.

미래는 우연이라는 것이 개입하기 때문에 예측하기 어려운 측면도 있고, 감정 또한 개입의 폭이 커서 냉철하게 미래를 내다보기란 사실상 불가능하다.

인생을 현명하게 살아가고 싶다면 인생의 불확실성을 받아들이고, 두려움 없이 나아가야 한다. 계획을 세우고 살아야 하지만 인생이 계획대로 흘러가지 않는다고 해서 좌절할 필요는 없다. 다시 계획을 현실에 맞게 수정하면 된다.

혼자 있는 시간에 기분이 울적할 때는 자신의 감정에 잡아먹히지 않도록 경계할 필요가 있다. 감정은 입구가 좁아 보여도 밑으로 파고들수록 넓고 황량하다. 외로움이 외로움을 부르고, 우울하다는 생각이 우울을 부르고, 죽고 싶다는 생각이 죽음을 부른다.

살아만 있다면 기회는 널려 있다. 모든 희망이 사라져서 한 치 앞도 보이지 않는다 하더라도, 아직 젊다면 인생은 전혀 예상치 못했던 방향으로 흘러가기도 한다.

어려움의 한가운데에 기회가 놓여 있다.

_알베르트 아인슈타인

삶이 고난의 연속일지라도 스스로 무릎 꿇지 않는다면 반드시 기회가 온다. 기회는 준비된 자만이 잡는다. 혼자 있는 시간이 외롭다면 고독 속에서 재기를 꿈꾸며 준비해야 한다.

　세상일이 뜻대로 풀리지 않다고 투덜대지 마라. 신은 나에게만 가혹하다고 징징대지 마라. 도무지 살아야 할 이유를 모르겠다고 한숨짓지 마라.

　우리에게 혼자 있는 시간이 필요한 이유 중 하나는 복잡한 삶 속에 파묻혀 있는 기회를 찾을 수 있기 때문이다. 삶을 송두리째 바꾸고 싶다면 고독 속으로 침잠하라.

　결국 고독이 우리를 기회의 땅으로 안내한다.

CHAPTER 2

혼자 있는 시간의
7가지 장점

사회라는 것이 인격 도야에 필요하듯,
고독은 인간의 상상력을 기르는 데 없어서는 안 될 요소다.

_제임스 러셀 로웰

내가 누구인지 알 수 있다

내면의 목소리에 귀를 기울였다고 해서 무슨 엄청난 각성을 했다거나 특별한 정신 상태에 도달했다는 뜻은 아닙니다. 다만 정신없이 휘몰아치는 정신의 소용돌이에서 잠시 벗어났지요. 그것만으로 놀라운 해방감을 느꼈습니다. 생각이 온전히 사라지진 않았지만 더는 그 속에 완전히 매몰되지 않게 된 것입니다. 마치 한 발짝 물러나 제 마음을 지켜볼 수 있게 된 것 같았지요.

_비욘 나티코 린데블라드, 《내가 틀릴 수도 있습니다》(다산초당) 중에서

이 책의 저자는 스웨덴 태생으로 스톡홀름 경제대학교를 졸업하고 남들처럼 취직했다. 3년 동안 6개 나라를 돌며 치열하

게 일한 결과, 고작 스물여섯 살 때 스웨덴 최대의 가스업체 자회사에 역대 최연소 재무 담당 책임자로 임명받을 정도로 잘나갔다.

그는 어느 날 문득, 마음이 불안한 상태에 놓여 있다는 사실을 알아챘다. 15분 동안 명상을 했고, 출가를 결심했다. 그 뒤 17년 동안 태국, 영국, 스위스 등지의 사원에서 승려의 삶을 살다가 마흔여섯 살 때 승복을 벗고 환속했다.

대중 속에서 마음의 고요를 지키는 법을 가르치며 살아가다가 2018년에 루게릭병에 걸렸고, 2022년 1월에 "망설임도 두려움도 없이 떠납니다"라는 말 한마디를 남기고 죽었다.

저자는 자신의 인생을 출가 전, 출가, 환속 후로 나눠서 마치 세 번의 인생을 산 것 같다고 자평했는데 서양인으로서는 흔치 않은 삶이다.

동양인들은 서양인들보다 정신적인 성숙에 끌리는 경향이 있다. 나 역시도 젊었을 때부터 '나는 누구인가?', '인생은 무엇인가?' 등등에 관한 의문을 가슴에 품고 살았다. 그래서 라마나 마하리쉬, 달라이 라마, 틱낫한, 성철 스님, 잭 콘필드, 앤드류 하비, 소걀 린포체, 엘리자베스 퀴블러 로스 등등 그들의 책이 나오면 서점으로 달려가곤 했다.

물론 관련 책들을 읽고 명상도 했지만 내가 누구인지, 인생이 무엇인지에 대한 명확한 답을 찾았던 건 아니다. 그래도 복잡하고 시끌벅적한 세상을 살아가는 동안, 그 책들이 고요한 마음을 유지하는 데 적잖이 도움 된 건 사실이다.

"우린 모두가 인생의 하루하루를 함께하고 있는 시간 여행자야. 우리가 할 수 있는 건 최선을 다해서 이 멋진 여행을 만끽하는 거지."

이는 리차드 커티스 감독의 영화 〈어바웃 타임〉에 나오는 마지막 대사다.

2013년도에 개봉된 영화인데 시류에 맞게 시간 여행을 장치로 사용했다. 주인공뿐만 아니라 가족 중 남자라면 누구나 과거로 시간 여행을 할 수 있는 능력을 지니고 있다. 먼 과거로는 못 가고 자신의 과거라면 어느 곳으로든 돌아갈 수 있다.

영화는 행복한 가족의 평범한 일상을 보여주며 시작된다. 영화를 두 번째 보면서 주제를 앞부분에 배치했음을 눈치챌 수 있었다.

주인공 팀(도널 글리슨)은 고향인 콘월을 떠나 런던에서 변호사생활을 하다가, 친구와 함께 어둠 속의 헌팅을 콘셉트로 한 식당에 간다. 식당 안은 온통 암흑이다. 암흑 속에서 모르는 여자와 데이트를 즐기고 밖으로 나와 실물을 확인한다.

메리(레이첼 맥아담스)에게 한눈에 반한 팀은 연락처를 받아서 집으로 돌아가며 몹시 즐거워한다. 감독은, 인생은 한 치 앞도 알 수 없지만 설렘이 있는 곳이라고 말하고 싶었던 건지도 모르겠다.

팀은 과거로 회귀할 수 있는 능력을 발휘해서, 불만족스러웠던 순간들을 바로잡으며 즐거운 삶을 살아간다. 그러다 첫사랑 샬롯을 다시 만나게 되고, 그녀로 말미암아 메리를 정말로 사랑하고 있다는 사실을 깨닫게 된다. 나는 개인적으로 이 장면이 좋다. 인생에서 중요한 깨달음이란 엉뚱한 순간에 문득 찾아오기 때문이다.

〈어바웃 타임〉은 요즘 보기 드물 정도로 따뜻한 가족 영화다. 시간 여행자의 능력을 자기 삶이나 가족의 불행을 막으려고 할 때만 사용해서 보는 내내 가슴이 뭉클했다. 물론 그 능력도 인생은 한 번뿐이라는 공정한 규율에서 벗어날 수는 없지만.

예술이 그렇듯, 좋은 영화는 인생을 풍성하게 한다.

나는 고독할 때 가장 고독하지 않다.

_쇠렌 키르케고르

나는 고등학교를 졸업할 무렵부터 '인생이라는 것 자체가 외로운 게 아닐까?' 하는 생각을 하며 살았다. 혼자 있을 때면 외로움은 바닷가 갈매기처럼 수시로 찾아왔다. 견디기 힘들 만큼 외로울 때는 음악을 들었고, 견딜 만할 때는 외로움을 고독으로 치환해서 바지런히 움직였다. 책도 읽고, 영화도 보고, 전시회도 다니고, 연극도 보고, 박람회도 다니고, 음악도 듣고, 운동도 하고, 명상도 하고, 여행도 다녔다.

그러던 어느 날, 내가 누구인지, 인생이 무엇인지 알 것 같은 기분이 들었다. 그리고 문득, '고독을 즐길 수 있었기에 풍성한 인생을 살 수 있었던 것은 아닐까?'라는 생각이 들었다.

혼자 있는 시간에는 누구나 고독을 즐길 수 있다. 고독의 장점 중 하나는 어느 날, 문득 중요한 깨달음을 준다는 것이다. 고독은 사람의 나이나 지위 고하를 가리지 않고, 마음을 쉽게 열어준다.

마음만 먹는다면 고독은 당신의 가장 소중하고, 현명한 친구가 될 수 있다.

현재 상황을 객관적으로
파악할 수 있다

"위험한 억측은 그 자체가 독약이라고. 처음에는 쓴맛이 안 나지만 조금이라도 혈액 속에 용해되면 온몸이 유황 광산처럼 불타오르게 돼 있거든."

_윌리엄 셰익스피어, 《오셀로》(민음사) 중에서

희곡 〈오셀로〉는 셰익스피어의 4대 비극 중 하나다. 이아고의 흉계로 말미암아 질투에 눈이 먼 베니스의 무어인 오셀로는 사랑하는 아내를 침대에서 목 졸라 살해한다. 뒤늦게 진실을 알게 된 그는 아내를 죽인 죄책감에 시달리다가 끝내 자살한다.

세상에는 이아고 같은 악인이 존재한다. 그들은 겉보기에는 지극히 평범하다. 심지어는 선량해 보이기까지 한다. 그러나 어떤 일로 말미암아 마음속에 분노가 치밀면, 수단과 방법을 가리지 않고 이성과 판단을 흐리게 해서, 선량한 사람을 악의 구렁텅이로 밀어 넣는다.

오셀로도 처음에는 이아고의 말을 믿지 않고 증거를 내놓으라고 다그친다. 그러나 계속되는 계략에 넘어간다. 결국 지조가 굳고, 어떠한 재난의 탄환도, 불행의 화살도 상처를 내지 못했고, 꿰뚫지 못했다는 오셀로는 질투에 눈이 멀어 그 누구보다 사랑했던 아내를 교살한다.

1917년 버지니아 울프와 레너드 울프가 설립한 영국의 호가스 출판사는 셰익스피어 서거 400주년(2016년)을 맞아, 현대 베스트셀러 작가들로 하여금 기존의 셰익스피어 작품을 자신만의 문학적 세계관으로 재해석해서 다시 쓰게 만든 '호가스 셰익스피어 시리즈'를 기획했다.

《오렌지만이 과일은 아니다》로 널리 알려진 영국의 지넷 윈터슨이 《겨울 이야기》를 재해석한 《시간의 틈》을 필두로 해서 여러 작품이 차례대로 출간되고 있다. 〈오셀로〉는 《진주 귀걸이 소녀》, 《여인과 일각수》 등을 발표해서 세계적인 베스트셀러 작가로 떠오른 트레이시 슈발리에가 《뉴 보이》라는 작품으로 재해석해서 발표했다.

《뉴 보이》는 열한 살 소년, 소녀가 등장하는 학원물이다. 백인 학교에 가나 외교관의 아들인 '오'가 전학 온 첫날, 교내 최고 인기 여학생인 '디'가 흑인 소년에게 반하면서 이야기가 시작된다. 그러자 아이들을 지배하고 있던 '이언'이라는 소년이 그들 사이에 끼어들어 원작의 이아고처럼 악역 역할을 하면서 파멸을 향해 치닫는다.

셰익스피어를 사랑하는 독자라면 '호가스 셰익스피어 시리즈'에 관심을 가져보는 것도 좋을 듯싶다.

예나 지금이나 인간 무리 속에는 악인이 존재한다. 그들은 누군가를 불행의 불구덩이 속으로 밀어 넣기 위해서 판단력을 흐리게 한다. 어느 것이 진실인지, 거짓인지 구분할 수 없다면 사람들로부터 잠시 떨어져 나와, 혼자서 시간을 보낼 필요가 있다.

상황 또한 마찬가지다. 나쁜 상황은 자기 몸을 뜯어먹으며 몸집을 키운다. 조금씩 상황이 악화되면 마치 뜨거운 냄비 속의 개구리처럼 위험한 상황에 놓여 있다는 사실을 스스로 인지하지 못하게 된다.

그럴 때는 혼자만의 시간을 갖고, 고독 속에서 깊이 생각해볼 필요가 있다. 고독은 흐려져 있던 지혜의 눈을 맑게 한다. 진실이나 거짓, 혹은 현재 상황을 파악할 수 있는 현명한 방법을 제시해준다.

"내 기분은 중요하지 않아. 내 생각도 중요하지 않아. 사람이 죽었다는 사실은 변하지 않으니까."

스티븐 달드리 감독의 2008년 작품 〈더 리더: 책 읽어주는 남자〉는 베른하르트 슐링크의 동명 소설이 원작이다. 이 영화가 오래도록 가슴에 남는 이유는 잘 만든 멜로 영화이기도 하지만 그와 동시에 몇 가지 철학적인 질문을 우리에게 던지고 있기 때문이다.

영화는 1958년 서독의 노이슈타트에서 시작된다. 열다섯 살의 마이클(다비드 크로스)은 서른여섯 살의 한나(케이트 윈슬렛)를 우연히 만난다. 원작에서는 간염에 걸려서 구토하는 소년을 집으로 데려가서 씻어주는데, 영화에서는 성홍열에 걸린 소년을 집에 데려다준다.

두 사람은 세 번째 만났을 때야 섹스가 끝난 뒤 서로의 이름을 묻는다. 두 사람의 나이 차이가 스물한 살이나 되는 이유도, 섹스가 끝난 뒤 서로를 알아가는 이유도 전범 세대와 전후 세대의 만남을 표현하기 위한 장치가 아닌가 싶다.

마이클은 한나에게 책을 읽어주고 사랑을 나눈다. 사랑에 빠진 두 사람은 함께 자전거 여행을 간다. 한나는 성가대의 찬송가에 이끌려 시골 교회에 들어갔다가, 과거의 일들이 떠올라 어쩔 줄 몰라 하며 하염없이 눈물을 흘린다.

전차 검침원으로 현장에서 일하던 한나는 사무직으로 승진하게 되고, 돌연 자취를 감춘다. 8년이라는 세월이 흘러 법대생이 된 마이클은 수업의 하나로 전범재판을 참관하러 갔다가 그곳에서 재판받는 한나를 본다.

1943년 지멘스에 다니다가 수용소 감시원을 뽑는다고 해서 나치 친위대에 지원했던 한나. 재판관은 왜 매월 60명의 죄수를 선별해서 죽을 게 빤한 아우슈비츠로 보냈느냐고 묻자, 한나는 수용소가 가득 차서 수감자가 지낼 공간을 마련하기 위해, 어쩔 수 없이 보냈다고 말한다. 그러면서 오히려 이렇게 묻는다. 재판관님이라면 어떻게 했겠느냐고, 감시원으로 지원한 게 잘못이냐고.

재판의 쟁점은 교회가 폭격으로 불이 나서 300명이 불에 타 죽었는데, 목사관에 있었던 6명의 감시원 중 왜 아무도 문을 열어주지 않았느냐는 것이다. 재판관의 물음에 한나는 이렇게 대답한다.

"수감자들을 감시하는 게 우리의 임무였으니까요."

5명의 다른 감시원들은 자신의 형량을 줄이기 위해 한나가 책임자였다고 주장한다. 그러자 재판관은 당시 작성된 서류의 필체와 비교하기 위해서 한나에게 글씨를 써보라고 한다. 빈 백지를 내려다보며 잠시 갈등하던 한나는 서류를 자신이 작성했다고 인정하고, 마이클은 비로소 그녀가 문맹임을 깨닫는다.

마이클은 교수에게 이 사실을 털어놓고 교수의 충고대로 한나를 면회하러 간다. 문맹자임을 사실대로 밝히라고 설득하기 위해서. 그러나 마이클은 마음이 변해서 한나를 만나지 않고 되돌아선다. 결국 다른 감시원 5명에게는 4년 3개월의 형량이 선고되고, 한나에게는 무기징역이 선고된다.

영화의 원작 소설 작가인 베른하르트 슐링크는 하이델베르크대학교와 베를린훔볼트대학교에서 법학을 공부한 법학박사다. 법학대학 교수로 재직했으며 헌법재판소 판사를 겸임하기도 했다.

영화 속에 등장하는 재판은 1961년에 열렸던 아돌프 아이히만의 재판을 떠올리게 한다. 나치 친위대 책임자 겸 홀로코스트 실무 책임자였던 그는 도피생활을 하다가 1960년 5월 이스라엘의 첩보기관인 모사드에 체포되어 이스라엘로 후송되었다.

프린스턴대학교 교수로 재직하던 한나 아렌트는 교양 잡지 〈뉴요커〉의 재정적 지원을 받아서 예루살렘으로 날아가 재판을 참관한 뒤,《예루살렘의 아이히만》이라는 책을 발간했는데 엄청난 반향을 불러일으켰다.

> 아이히만은 아주 근면한 인간이다. 그리고 이런 근면성 자체는 결코 범죄가 아니다. 그러나 그가 유죄인 명백한 이유는 아무 생각이 없었기 때문이다. 그는 다만 스스로 생각하기를 포기했을 뿐이다.
>
> _한나 아렌트,《예루살렘의 아이히만》(한길사) 중에서

아돌프 아이히만은 재판에서 자신은 지시받은 일을 충실하게 이행했을 뿐, 아무 죄가 없다고 주장했다. 한나 아렌트는 유대인 학살자로서 '악의 화신'인 줄 알았던 그가 의외로 평범하다는 사실에 주목하였고, 그가 학살을 저지른 이유를 철학적 사고 부족에 있다고 판단했다.

원작자인 베른하르트 슐링크는 비록 역사학자들로부터 반격을 많이 받았지만, 철학적 사고가 부족해서 학살에 동참했다는 한나 아렌트의 주장에 동의하고 있는 것으로 보인다.

우리는 한나의 주장에 몇 가지 의문을 품을 수밖에 없다.

'수용소가 좁다는 이유로 가스실로 보내져 죽을 것이 빤한데 매월 수감자를 뽑아서 보내는 것이 올바른 판단인가?'

'수감자를 감시하고, 질서를 유지하고, 탈출을 막는 것이 감시원의 임무라 하더라도 교회 안에서 수백 명이 불에 타 죽고 있는데, 문을 열어주지 않는 것이 정당한 임무 수행인가?'

'한나는 문맹자라는 열등감을 감추기 위해서 종신형을 감수했는데, 과연 그만한 가치가 있는 것일까?'

소설은 영화와 달리 미하엘(마이클)의 1인칭 시점이다. '한나'는 전범 시대를 상징하는 인물이고, '나'는 전후 1세대를 상징하는 인물이다. 한나와 나는 애증의 관계이므로 스스로 유죄를 인정한다. '내가 유죄가 아니라고 해도, 나는 범죄자를 사랑한 까닭에 유죄'라는 것이다.

한나는 분명 역사적으로 씻을 수 없는 잘못을 저지른 죄인임에도 그녀를 이해하려는 나의 노력은 계속된다.

감옥에서 내가 녹음해서 보내준 테이프와 책으로 글씨를 깨우친 한나가 첫 편지를 보낸다.

'꼬마야, 지난번 이야기는 정말 멋졌어. 고마워 한나가.'

잔뜩 힘을 줘서 쓴 편지를 읽으며 나는 몹시 기뻐한다.

"그녀가 글씨를 쓸 줄 안다. 그녀가 글씨를 쓸 줄 안다고!"
나는 그동안 문맹자와 관련된 글들을 구할 수 있는 한 다 구해서 읽었다. 나는 그들이 일상생활을 하면서 겪는, 즉 길이나 주소를 찾을 때 또는 레스토랑에서 음식을 고를 때 겪는 당혹스러움에 대해서, 미리 주어진 생활의 틀과 낯익은 행로를 더듬더듬 따라가면서 여기서 벗어나면 어쩌나 하며 느끼는 불안감에 대해서, 글씨를 읽고 쓸 줄 모른다는 사실을 감추기 위해서 소모하는 정력에 대해서, 그리고 그로 인해 실제 삶에 있어서의 에너지 상실에 대해서 알고 있었다. 문맹은 미성년 상태를 의미한다. 한나는 읽고 쓰기를 배우겠다는 용기를 발휘함으로써 미성년에서 성년으로 가는 첫걸음을, 깨우침을 향한 첫걸음을 내디딘 것이었다.

_베른하르트 슐링크,《더 리더: 책 읽어주는 남자》(이레) 중에서

글을 깨친 한나가 마지막으로 선택한 것은 참회와 자살이다. 마이클이 출소하는 한나를 데리러 갔을 때 그녀는 이미 이 세상 사람이 아니었다.

영화의 마지막 장면은 마이클이 딸과 함께 한나의 묘소를 찾아서 한나에 관한 이야기를 들려주는 것으로 끝난다. 마이클이 전후 1세대라면 딸은 전후 2세대다. 세월이 흐르더라도 전범 세대의 잘못을 잊어서는 안 된다는 의미가 담겨 있지 않나 싶다.

이 영화를 본 감상평을 한마디로 하면 이렇다.

"철학적 사고 부족이 비극을 낳는다."

이아고가 작은 악인이라면 히틀러는 큰 악인이다. 이아고는 오셀로의 주변 사람을 비극 속으로 몰아넣었지만 히틀러는 세계인, 특히 유대인들을 비극 속으로 몰아넣었다.

종교나 이념은 자칫 잘못되면 집단 광기로 변질된다. 집단 광기는 집단 최면과도 같아서 서서히 사람들의 이성을 앗아간다.

> 감정은 언제나 이성을 짓밟아버리는 경향이 있다. 감정에 충실하게 행동하면, 모든 게 광기로 흐르기 쉽다.
>
> _발타자르 그라시안

살아가다 보면 무언가에 지나치게 감정적으로 빠져들 때가 있다. 그럴 때일수록 혼자 있는 시간을 마련해서 마음의 소리에 귀를 기울여야 한다.

고독의 장점 중 하나는 악인과 선인을 가릴 수 있는 혜안을 주고, 현명한 판단을 내릴 수 있는 지혜를 제공한다는 점이다.

우리는 모두 '인생'이라는 길 위에 오른 여행자이다. 어리석은 여행자는 어디로 가고 있는지도 모른 채 우르르 달려가는 앞사람의 뒤를 무작정 쫓아간다. 현명한 여행자는 내가 지금 어디에 서 있고, 어디로 가고 있는지 예감하며 순간의 삶을 즐긴다.

혼자 있는 시간의 장점 중 하나는 인생을 어떻게 살아야 하고, 어느 방향으로 가야 하는지를 은연중에 제시해준다는 것이다.

고독은 수시로 나를 돌아보도록 해서, 비극 속에서 나를 구원한다.

사색을 통해서 성장할 수 있다

빌 게이츠의 생각주간을 관찰할 당시 거스는 그가 점점 더 많은 업무의 권한과 책임을 현 CEO인 스티브 발머에게 넘겨주고 있다는 사실을 깨달았다. 거스는 회고한다.

"치열한 퀴즈 게임을 통해 빌 게이츠는 큰 통찰을 하나 얻었다. 그건 바로 6만 명이 넘는 대규모 조직을 운영해 나가기 위해서는 퀴즈게임보다 더 큰 게임을 벌여야 한다는 것이었다. 그는 모든 게임에서 승자가 될 수 없다는 사실을 깨달았다. 권한과 책임을 과감하게 위임할 수 있어야 한다는 커다란 생각에 도달했을 때 그는 자신에게 주어진 모든 게임을 현명하게 컨트롤할 수 있게 되었다. 이를 통해 빌 게이츠는 궁극적으로 모든 게임에서 승리할 수 있는 방정

91

식을 하나 갖게 되었다."

_데니얼 패트릭 포레스터,《빌 게이츠는 왜 생각주간을 만들었을까》

(토네이도) 중에서

　세계적인 경영 컨설턴트인 저자는 이 책을 통해 기업과 비즈니스맨의 성공을 위한 핵심 열쇠는 '씽킹 타임(thinking time)'이라고 주장하고 있다. 성공하려면 일과 삶을 통찰할 수 있는 고독한 시간을 반드시 확보해야 한다는 것이다.

　마이크로소프트를 거대 기업으로 성장시킨 빌 게이츠는 1년에 두 차례 '생각주간'을 갖는 것으로 널리 알려져 있다. 월 스트리트 저널의 로버트 거스 기자는 별장의 위치를 공개하지 않는다는 조건으로 방문을 허락받았고, 2005년에 최초로 현장을 취재해서 언론을 통해 발표함으로써, 빌 게이츠의 비밀스러운 삶이 공개되었다.

　빌 게이츠는 이 기간에는 가족이나 임직원의 방문도 일절 받지 않은 채 미국 서북부 지역 호숫가의 별장에서 은둔생활을 한다. 별장을 찾는 사람은 하루 두 차례씩 간단한 음식을 넣어주는 관리인뿐이다.

　2층짜리 별장은 소박해서 집기라고는 혼자 생활하는 데 필요한 침대와 식탁, 냉장고, 책상과 의자, 컴퓨터 등이 고작이다.

　빌 게이츠는 먹고 자는 시간을 제외한 거의 모든 시간을 임직원들이 작성한 보고서를 읽고, 그에 관한 자기 생각을 정리해 관련자들에게 필요한 사항을 이메일로 알린다.

기사에 의하면, 넷스케이프가 독보적인 위치를 점하고 있던 인터넷 브라우저 시장에 MS가 참여하는 계기가 됐던 빌 게이츠 회장의 보고서 '인터넷의 조류'도 바로 이때 토대가 마련됐고 테블릿 PC, 보안성이 강화된 소프트웨어, 온라인 비디오 게임 사업에 대한 아이디어 역시 모두 '생각주간'에서 시작됐다는 것이다.

빌 게이츠의 뒤를 이어서 CEO에 올랐던 스티브 발머는 2000년부터 2014년까지 일했다. CEO 자리에서 물러난 뒤로 현재까지 이사로 있으며, NBA 로스앤젤레스 클리퍼스 구단의 구단주이기도 하다.

성장하기 위해서는 사색이 필요하다. 석유왕 존 D. 록펠러는 "열심히 일만 하는 사람은 돈 벌 시간이 없다"라고 했다. 바빠 일하느라 혼자 있는 시간을 확보하지 못하면 변화를 감지할 수가 없다. 바쁠수록 혼자 있는 시간이 필요한 이유이다.

사업을 하다가 망했다는 이들을 만나보면 몇 가지 공통점이 있다. 그중 하나는 사업이 한창 잘나갈 때 확장했다는 사실이다. 사이클이 꺾이자, 회사가 비대해져 발 빠르게 대처하지 못하다 보면 결국 빚만 남는다. 기존의 성공에 취해서 변화를 감지하지 못했기 때문이다.

성장하고 싶다면, 잘나갈 때 한 단계 더 도약하고 싶다면 혼자 있는 시간을 확보한 뒤, 고독의 방에 들어가서 사색해야 한다.

세상은 어떻게 변해가고 있는지, 내가 몸담은 분야는 어떻게 변했는지, 새로운 기술은 어떤 것이 나와 있는지 꼼꼼하게 검토해봐야 한다.

세상에는 일도 잘하고 인간관계도 잘하는데 사색할지 모르는 사람도 상당수다. 이런 부류의 사람이 회사의 중요 직책을 맡아서는 안 된다. '생각하는 힘'이 부족한 사람은 회사에 대한 충성심은 높을지 몰라도 세상의 변화에는 둔감하다. 기존 방식만을 고집하다가 회사를 위기로 몰고 갈 가능성이 크다.

사색은 시시각각 변하는 세상에서 생존하기 위한 필수 요소다.

"우주는 협조적이지 않아. 한순간에 모든 것이 틀어질 수도 있어. '이제 끝이구나' 하는 순간이 올 때 결정해야 해. 포기할지 살기 위해서 노력해야 할지. 결정을 내렸으면 무작정 시작하는 거야. 하나의 문제를 해결하고, 다음 문제를 해결하고, 또 다음 문제를 해결하고. 문제를 충분히 해결하면 집으로 돌아와 있을 거야."

리들리 스콧 감독의 2015년 작품인 〈마션〉은 앤디 위어의 동명 소설이 원작인 SF 영화다. 이 영화는 고립된 상황에서 생존을 위한 고독한 투쟁을 벌인다는 점에서 〈로빈슨 크루소〉 혹은

〈캐스트 어웨이〉와 비슷하나 배경이 화성이라는 점에서 차별성이 있다. 위의 대사는 영화의 마지막 대사이다.

영화는 탐사 우주선이 화성에 착륙해서 광물을 채취하다가 모래폭풍을 만나면서 시작된다. 마크 와트니(맷 데이먼)는 날아온 통신 안테나에 맞아 모래폭풍 속으로 날아가고, 살아남은 대원들은 우주선에 오른다. 모래폭풍이 그치지 않고 우주선이 기울자, 그들은 탐사를 포기한 채 철수한다. NASA는 마크 와트니의 사망을 공식 발표한다.

복부에 철심이 꽂히는 부상까지 당한 채 화성에 혼자 남은 와트니. 그가 과연 동료도 없이 화성에서 홀로 살아남을 수 있을까?

혼자 남았다는 사실에 잠시 외로움에 떨던 그는 사색에 잠기고, '여기서 죽을 수는 없어!'라고 각오를 다진다. 생존을 위해서 처음으로 그가 한 행동은 남은 식량의 개수를 세며 현재 상황을 정확히 파악하는 것이었다.

생존을 위한 기본적인 것들이 갖춰져 있지 않은 환경이다 보니 와트니는 그야말로 온갖 창의력을 발휘해서 생존할 방책을 모색해낸다. 사색하는 장면이 많으면 영화가 단조로워지는 경향이 있으므로, 영화 속에 드러나 있지는 않지만 와트니는 고독 속에서 사색하며 최선책을 찾아낸다.

주인공은 화성 탐사 요원이니 특별한 기준을 통해서 선별했으리라 짐작하면서도 그가 위기 때마다 보여주는 임기응변을 보면 실로 놀랍다. 식물학자이자 기계공학자라고 하더라도, 화성에서 감자를 키우고, 방사능 동위원소를 이용해서 추위 문제를 해결할 수 있는 능력은 아무나 발휘할 수 있는 것은 아니다.

와트니는 영화에서 보여주는 '생각의 힘'으로 미루어 짐작할 때 평소 사색을 즐기는 인물임이 분명하다. 이 영화는 우리에게 많은 교훈과 감동을 준다. 그중 두 가지만 꼽는다면 하나는 그 어떤 위기에 처한다고 하더라도 필사적으로 방법을 찾는다면 극복해낼 수 있다는 것이고, 다른 하나는 내가 충분한 노력을 기울이면 다른 곳에서 그에 부응하는 화답을 한다는 것이다. 와트니의 생존 노력에 NASA 요원들이 화답한 것처럼.

> 우리의 생각은 우리의 운명을 결정한다. 우리의 운명은 우리의 유산을 결정한다. 우리는 오늘 우리의 생각이 데려다 놓은 자리에 존재한다. 우리는 내일 우리의 생각이 데려다 놓을 자리에 존재할 것이다.
>
> _제임스 앨런

인간은 생각하는 동물이다. 혼자 있는 시간의 장점 중 하나는 사색에 잠기게 해서, 생각의 힘을 키워준다는 점이다.

사색은 나를 성장시킬 뿐만 아니라 절체절명의 위기에서도 구해낸다.

집중해서 좋아하는 일을 할 수 있다

"나는 내가 더 이상 믿지 않는 것은 그것이 설령 나의 가정이나 나의 조국이나 아니면 나의 교회라 할지라도 섬기지 않을 거야. 그리고 어떤 삶의 방식이나 예술 양식을 통해 가능한 한 자유롭게, 가능한 한 완전하게 나 자신을 표현하려고 노력할 거야, 나 자신을 지키기 위해 내가 스스로에게 허용하는 최선의 무기들, 즉 침묵과 자기 추방과 간교함을 이용해서 말이지."

_제임스 조이스, 《젊은 예술가의 초상》(문학동네) 중에서

이 소설은 저자의 정신적인 성장 과정을 의식의 흐름이라는 기법으로 쓴 자전적 소설이다. 위 문장은 예술가의 삶을 살아가

기 위해서 스티븐 디덜러스가 유럽으로 떠나기 전 크랜리와 나눈 대화이자 일종의 자기 다짐이다. 그 어떤 외로움도 절대 두려워하지 않겠노라는.

소설은 모두 5장으로 되어 있는데, 태어나서부터 청년이 되어 소설가가 되기 위해 집을 떠나는 과정을 담고 있다. 소설 속에서 주인공이 다닌 아일랜드의 클롱고우스 우드 칼리지나 유니버시티 칼리지 더블린은 제임스 조이스가 실제로 다녔던 학교다.

정신적으로 성장하기 위해서는 기존의 것들을 그 어떤 의심이나 비판도 없이 스펀지처럼 흡수하기만 해서는 안 된다. 부조리하다고 느끼는 것들에 대해서는 사색을 통해서 실체를 파악하고, 내 생각이 옳다는 확신이 들었을 때 비로소 행동으로 옮기며 저항해야 한다. 그 과정에서 정신적으로 성숙해진다.

스티븐 디덜러스는 부러진 안경으로 말미암아 신부에게 받은 부당한 체벌에 대해서 교장을 찾아가서 조목조목 항의하기도 하고, 가톨릭에서 이단아로 낙인찍은 바이런을 모두가 인정하는 시인보다 더 훌륭한 시인이라 말해서 친구들로부터 집단폭행을 당하기도 한다.

그는 정신적인 자유를 얻고 진정한 예술가가 되기 위해서 종교와 조국마저도 거부한다. 신부가 되라는 교장의 권유도 뿌리치고, 아일랜드의 고유한 문화와 언어를 부활시키자는 연판장에도 서명을 거부한다. 스티븐 디덜러스는 말한다.

"조국과 교회와 가정은 한 사람의 영혼이 탄생할 때 날지 못하도록 옭아맨다. 마치 제 새끼를 잡아먹는 늙은 암퇘지 같다."

영혼의 자유를 위해서 그가 사색 끝에 내린 결론이자 조국을 떠날 수밖에 없는 이유다.

사색은 나를 옭아매고 있는 그 모든 얼개에서 벗어나게 하고 정신적인 자유를 누리도록 도와준다. 끝내는 내가 좋아하는 일에 집중할 수 있는 토대를 마련해준다.

"명성과 돈, 권력은 성공이 아닙니다. 성공은 아침에 눈을 뜬 후 오늘 해야 할 일에 가슴 설레며 집을 나서는 것입니다."

케빈 탄차로엔 감독의 2009년 작품인 〈페임〉은 청춘들의 꿈에 대한 뜨거운 열정을 느낄 수 있는 뮤지컬 영화다. 위의 대사는 제니가 졸업생들 앞에서 한 연설 중 일부분이다.

원작은 2020년에 타개한 앨런 파커 감독의 1980년 작품인 〈페임〉이다. 아카데미 주제곡상, 아카데미 영화음악상, 골든 글로브 주제가상을 받았다. 엄청난 인기에 힘입어서 TV 시리즈로도 제작되었으며, 브로드웨이 뮤지컬로도 탄생해 25개국에서 공연을 하는 등 지금까지도 사랑받고 있다.

영화는 오디션을 보러 가거나 준비하는 여러 아이의 모습을 비춰주며 시작된다. 노래, 춤, 연기, 연출, 그림 등 최고의 명성을 자랑하는 뉴욕 46번가 PA 예술고등학교에 꿈과 야망을 지닌 학생들이 모여든다. 1만 명 이상 오디션에 지원했지만, 합격자는 단 200명뿐이다.

입학은 시작이다. 이들은 다양한 에피소드를 통해서 4년 동안 실력과 함께 우정과 사랑을 쌓아간다. 꿈과 노력, 좌절과 희망은 덤이다.

영화는 몇 명의 인물 위주로 흘러간다. 감성과 가창력이 뛰어난 가수 마르코, 청순한 외모를 지닌 배우 제니, 가수의 꿈을 키우는 피아니스트 드니스, 힙합 전문가 빅터, 댄스에 탁월한 재능을 지닌 앨리스 등등…….

프로가 되고, 명성을 얻기 위해서는 고독한 시간을 보내야 한다. 텅 빈 연습실에서 혼자 남아 춤을 추고, 피아노를 치면서 노래를 부르는 등 수많은 시간을 연습하고 또 연습하며 보내야 한다. 수업을 통해서 배우는 건 기본이다. 그 위에 나만의 색깔을 입혀서 내 것으로 만드는 과정을 거쳐야만 프로가 되고, 명성을 얻을 수 있다.

영화의 실제 모델인 '라구아디아 예술고등학교'는 1961년 음악예술 고등학교와 퍼포밍 아트스쿨이 하나의 운영체계를 갖추었다가, 1984년 뉴욕 링컨센터 인근으로 이전하면서 완전히 합쳐지며 탄생했다. 전국 최초의 공립 예술고등학교로 한국 영화배우 김윤진을 비롯해 알파치노, 제니퍼 애니스턴, 샤라 미셸

겔러 등의 톱스타를 배출한 학교로 유명하다. 할리우드를 비롯한 각 분야의 예술계에서 졸업생들이 활약하고 있다.

나는 1980년에 〈페임〉을 영화관에서 감명 깊게 보았다. 한국 특유의 군사문화와 교육이 결합한 경직된 분위기 속에서 학교 다니던 터라 영화 속 학생들의 자유분방한 몸짓이 부러웠다. 뇌가 성장하던 시기여서인지 스크린 밖으로 튀어나올 듯한 그들의 몸짓이 쉽게 잊히지 않았다. 지금도 영화 주제곡 아이린 카라의 '페임'이 어디선가 흘러나오면 나도 모르게 스크린으로 들어가서 함께 몸을 흔들곤 한다.

영화 속 주인공들처럼 좋아하는 일에 자신의 모든 것을 내던질 기회는 사실 많지 않다. 물론 그렇다고 해서 청춘의 전유물은 아니다.

나는 일찍이 고독만큼 사이가 좋은 벗은 본 적이 없다.

_헨리 데이비드 소로

혼자 있는 시간의 장점 중 하나는 내가 가장 좋아하는 일에 집중할 수 있는 환경을 제공한다는 점이다. 고독 속에서 한 가지 일에 전념한다면 그 분야가 무엇이든 성공할 수 있다.

상상을 현실로 바꿀 수 있다.

숨겨진 재능을 발견할 수 있다

어째서 이 세상에는 저런 사람이 존재하는 걸까.

절망이 머릿속을 가득 채웠다. 말 그대로 눈앞이 캄캄해졌다.

어째서 저렇게 태어나지 못했을까. 어째서 저런 사람과 같은 악기로, 같은 시대에, 같은 콩쿠르에서 승부를 겨루게 되었을까.

어째서, 어째서.

_온다 리쿠,《꿀벌과 천둥》(현대문학) 중에서

2017년 일본 서점대상과 나오키상을 동시에 수상한 이 작품은 피아노 클래식 연주를 글로 표현했음에도 쉽게 읽힌다. 마치 소설을 눈으로 읽는 것이 아니라 귀로 듣는 것 같은 기분이다.

위의 문장은 4명의 주요 인물 중 하나인 다카시마 아카시가 마사루 카를로스의 연주를 듣고 난 뒤 느낀 좌절감이다.

700페이지에 달하는 소설은 3년마다 2주에 걸쳐 진행되는 '제6회 요시가에 국제 피아노 콩쿠르'에 참가한 인물들과 풍경을 담고 있다.

제대로 된 피아노 교육을 받은 적도 없지만 전설적인 피아니스트의 추천서에 힘입어 프랑스 예선을 통과하고 콩쿠르에 참가한 타고난 천재 가자마 진, 주니어 콩쿠르를 제패하며 천재소녀로 불렸지만 어머니가 세상을 떠나자 돌연 무대를 떠났던 에이덴 아야, 스타성과 천재성을 겸비한 줄리아드음악원의 마사루 카를로스, 피아노를 전공했지만 악기전문점에서 일하고 있는 스물여덟 살의 가장 다카시마 아카시.

제1차 예선에는 90명이 경쟁하고, 제2차 예선에는 24명, 제3차 예선에는 12명, 본선에는 6명만 올라갈 수 있다. 과연 이들 중 '누가 우승할까?'에 대한 궁금증은 책을 끝까지 손에서 놓지 못하게 하는 이유 중 하나다.

국제 피아노 콩쿠르에 나갈 수 있는 정도의 수준이라면 재능을 갖추고 있다고 보아도 무방하다. 이들은 경쟁자들의 연주를 들으며 서로 영감을 주고받는다.

지금은 많이 나아졌지만 클래식 음악은 엘리트 교육을 받은 상류층의 전유물이라는 인식이 은연중에 퍼져 있었다. 그러다 보니 대중은 '당신들만의 영웅'이 아닌 '우리들의 영웅'을 원한다. 2007년 영국의 리얼리티 TV 프로그램인 〈브리튼스 갓 탤런트〉를 통해 휴대전화 판매원에서 세계적인 스타가 된 폴 포츠 같은 인물이 탄생한 데는 프로그램의 취지와 대중의 이런 심리가 맞아떨어졌기 때문이다.

사람들은 '우리들의 영웅'을 원하지만 폴 포츠나 다카시마 아카시 같은 인물은 현실에서는 찾아보기 힘들다. 그래서 더 주목받는 것이리라.

예술을 공부하는 데는 돈이 든다. 음악 같은 경우는 특히 그렇다. 일단 좋은 악기를 마련하거나 훌륭한 스승에게 가르침을 받으려면 큰돈이 들어간다. 현실이 이렇다 보니 어린 나이에 시작했고, 재능이 있다고 하더라도 대다수가 중도에 포기하게 된다.

그렇다고 해서 천재들만이 예술을 즐기는 것은 아니다. 결과와 상관없이 예술, 그 자체를 즐긴다면 재능이 없어도 무방하다.

한국은 교육열이 높다. 경제 성장에 힘입어서 생존의 기본 요소인 의식주가 해결되자 수많은 부모가 사교육 시장에 뛰어들었다. 자식의 숨겨진 재능을 발굴해서 키워주기 위함이었다. 피겨스케이팅 분야에서 김연아, 수영 분야에서 박태환, 연주 분야에서 피아니스트 조성진 등등 각 분야에서 천재들이 등장한 것도 이와 무관하지 않다.

다양한 분야에서 특출한 천재들이 나타나 한국의 위상을 높였지만 소수이고, 대다수는 중도 하차했다. 하차한 이유는 대개 둘 중 하나이거나 둘 모두에 해당했다. 특출한 재능이 보이지 않았거나 대학 입시를 준비해야 하는데 시간이 부족했기 때문에.

재능에는 여러 종류가 있다. 타고난 재능도 있지만 후천적으로 길러지는 재능도 있고, 한동안 묻혀 있다가 뒤늦게 빛을 발하는 재능도 있다.

나에게 숨겨진 재능이 있는지 확인하기까지 때로는 오랜 시간이 걸리기도 한다. 세계 최고의 바이올리니스트로 평가받는 스페인 출신의 파블로 데 사라사테는 "37년간 하루 14시간씩 바이올린을 연습해왔는데, 사람들은 나를 가리켜 천재라고 부른다"라고 말했다.

예술 분야에서 성공하기 위해서는 재능도 중요하지만 노력의 힘도 무시할 수 없다. 노력이 숨겨져 있던 재능을 끄집어내는 경우도 적지 않다.

노력은 혼자 있는 시간에 고독에 심취한 자들이 흘린 땀방울이다. 고독을 두려워하는 자는 결코 자신의 숨겨진 재능을 발견할 수 없다.

"세상에서 제일 해로운 말이 '그만하면 잘했어'야."

〈라라랜드〉로 아카데미 감독상을 받은 데이미언 셔젤 감독의 2014년 개봉작인 〈위플래쉬〉는 최고의 드러머가 되고 싶은 앤드류(마일스 텔러)와 완벽한 연주를 추구하는 테런스 플레처(J. K. 시몬스) 교수의 이야기다. 위는 플레처의 대사인데 그의 교육 방식을 단적으로 보여준다.

이 영화는 드럼 소리와 함께 연습실에서 혼자 드럼을 치고 있는 앤드류의 모습이 서서히 클로즈업되면서 시작된다. 이어서 플레처 교수가 들어오고, 재즈 연주곡이기도 하지만 영화 제목이기도 한 '채찍(Whiplash)' 같은 가르침이 잠시 이어진다.

친구라고는 독신인 아버지밖에 없는 앤드류. 뮤지션으로 성공하기 위해 실력을 쌓고 싶은 그는 혼자 있는 시간을 마련해서 기꺼이 고독 속으로 몸을 던진다. 텅 빈 연습실에서 셔츠가 땀범벅이 되도록 연습하고, 존경하는 드러머의 연주를 듣는다.

앤드류는 1학년에 불과하지만, 플레처 교수의 밴드에 들어가게 된다. 플레처는 찰리 파커가 유명해질 수 있었던 것은 조 존스 덕분이라고 확신하는 인물이다. 찰리 파커가 즉흥연주를 하자 조 존스가 심벌즈를 던져버렸고, 수치심을 느낀 찰리 파커가 미친 듯이 연습에 몰입해서 위대한 색소폰 연주자가 될 수 있었다는 것이 그의 논리이자 교육 방식이다.

템포가 마음에 들지 않는다는 이유로 앤드류의 머리 위에다 의자를 집어 던지고, 고함을 지르고, 뺨을 때리는 플레처. 그의 교육 방식은 광기에 가깝다.

위대한 뮤지션이 되기 위한 앤드류의 고독한 시간이 이어진다. 스틱을 쥔 손바닥이 피범벅이 될 때까지 일회용 밴드를 붙여가면서 연습하고, 명성 있는 뮤지션의 연주를 듣고, 다시 피범벅이 된 스틱을 휘두른다.

고독 속에서 미친 듯이 스틱을 휘두르며 보냈던 시간은 앤드류에게 절호의 기회가 된다. 자신의 실수로 악보를 잃어버렸지만, 수없이 반복해서 연습하는 과정에서 악보를 전부 외워버렸기 때문이다. 그는 선배 대신 재즈 경연대회에 플레처 밴드의 일원으로 참가하고, 1등을 차지하면서 메인 드러머가 된다.

그러나 기쁨도 잠시, 다시 경쟁자가 나타나고 메인 드러머에서 보조 드러머로 전락할 위기에 처한다. 연습을 위해서 혼자 있는 시간이 더 많이 필요하다고 판단한 앤드류는 여자 친구에게 끝내 작별을 고한다.

다시 그의 고독한 시간이 이어진다. 피범벅이 된 손을 얼음찜질해가면서 미친 듯이 스틱을 두드린다. 플레처 교수에게 지지 않겠다는 독한 오기로.

이 영화는 예술가의 한계를 뛰어넘도록 몰아붙이는 것이 자신의 역할이라고 믿는 스승과 혹독한 가르침도 마다하지 않는 젊은 뮤지션의 성공에 대한 집념을 보여준다.

영화 후반부, 앤드류의 신들린 독주는 이 영화의 백미다. 감독은 이렇게 말하고 싶었던 건지도 모르겠다. 뮤지션은 훌륭한 스승도 중요하고 성공에 대한 집념도 중요하지만, 실력으로 자신을 증명해야 하는 거라고.

심벌 위를 뒤덮은 땀방울과 피, 그리고 끝없이 이어지는 드럼 소리. 그것은 연주가 아니라 앤드류가 흘려보낸 고독한 시간에 대한 보상이요, 상처 입은 젊은 예술가의 영혼을 위로하는 신의 음성이었다.

> 강한 사람이란 가장 훌륭하게 고독을 견뎌낸 사람이다.
>
> _프리드리히 실러

혼자 있는 시간의 장점 중 하나는 숨겨진 재능을 발견하게 하고, 그 재능을 활화산처럼 분출할 수 있도록 에너지를 불어넣어 준다는 것이다.

만약 예술가에게 혼자 있는 시간이 없다면, 그 어떤 예술가가 자신의 재능을 한껏 꽃피워서 세상에 보여줄 수 있겠는가.

창조할 수 있다

담장처럼 빽빽하게 둘러쳐진 초록빛 나뭇잎들 사이로 햇빛이 소나기처럼 쏟아져내렸다. 다만 왼편 숲속으로 나 있는 어두운 오솔길은 저 멀리 한 점의 빛으로 처리되어 있었다. 유월의 초목들 사이로 펼쳐진 풀밭 위에, 벌거벗은 한 여인이 한쪽 팔을 베고 가슴을 부풀리며 누워 있었다. 그녀는 미소를 지으며 그 어디에도 시선을 두지 않은 채 눈꺼풀을 내리고 있었다. 금빛 햇살이 그녀의 벗은 몸을 가득 적시고 있었고, 그림 뒤편에는 갈색과 금발 머리의 키 작은 두 여인이 역시 벗은 채로 웃으면서 장난을 치고 있었다. 초록빛 나뭇잎들 가운데서 두 여인의 살결이 아름답게 두드러졌다. 그런데 화가는 전경에 검은색의 대비를 넣을 필

109

요를 느끼고 그 자리에 단순히 벨벳 윗도리를 입은 신사를 그려 넣었다.

_에밀 졸라, 《작품》(을유문화사) 중에서

드레퓌스 사건 당시 드레퓌스의 무죄를 주장해서 행동하는 지식인으로 불리는 에밀 졸라는 파리에서 태어났다. 아버지가 사업 때문에 프랑스 남부의 엑상프로방스로 이사 갔는데 그곳에서 열세 살 때 폴 세잔과 만나 오래도록 우정을 이어갔다.

이 소설의 주인공인 클로드 랑티에는 19세기 후반 인상파 운동의 대표 주자인 폴 세잔과 에두아르 마네가 모델이다. 위 문장은 소설의 주인공 클로드가 그린 〈야외〉라는 그림을 묘사한 것인데, 마네의 〈풀밭 위의 점심식사〉와 전체적인 분위기가 비슷하다.

소설의 작품도 살롱전에 출품했다가 낙선하는데, 마네의 작품도 1863년 살롱전에 출품했다가 낙선했다. 유명 교수의 수제자들이 대거 입선하자 화가들이 불만을 터트렸고, 나폴레옹 3세는 '낙선전'을 열어서 대중에게 심사를 맡겼다.

대중은 〈풀밭 위의 점심식사〉를 놓고 온갖 트집을 잡으면서 외설적이라고 비난했다. 그러자 마네는 "내 그림이 어떤 점이 외설적이냐?"고 반문했고, 자신이 옳다고 생각하는 일에는 절대 굽히지 않는 에밀 졸라는 신문에 마네의 그림을 옹호하는 평론을 썼다. 그러자 마네는 이에 대한 감사의 표시로 〈에밀 졸라의 초상〉을 그려주었는데, 아이러니하게도 이 작품이 1868년 살롱전에서 입선했다.

《작품》에는 클로드의 친구인 상도즈라는 작가가 등장한다. 이 인물은 에밀 졸라 자신이 모델인 듯싶다. 이 소설은 전지적 작가 시점인데 상당 부분을 인상주의 화가의 시각으로 묘사해서, 마치 빛과 색채를 적절히 활용한 인상주의 화가의 그림을 실제로 보고 있는 것만 같은 착각에 빠지게 한다.

세잔이나 마네는 성공한 화가지만 《작품》의 주인공인 클로드는 실패한 화가다. 열정적으로 그림을 그려서 동료에게는 인정받지만 자신도 만족하지 못하고, 평론가나 대중에게도 인정받지 못한다. 죽은 아들을 그림으로 그려서 살롱에 출품하지만 그마저도 조롱의 대상이 된다. 결국 클로드는 작업실에서 목을 매 자살한다.

에밀 졸라는 19세기 파리 예술가들의 현실과 함께 클로드의 비극적인 삶을 그리고 있다. 그는 집필에 들어가기 전에 작성한 집필 의도에서 《작품》이 비극으로 끝맺을 수밖에 없는 이유에 대해서 이렇게 말하고 있다.

예술가는 자기 작품에 불만을 느껴서 완벽한 작품을 그리기를 꿈꾼다. 그러나 대중은 그 작품을 이해하지 못하기 때문에 미완성으로 남고, 결국 예술가는 파멸에 이르게 된다.

나는 이 소설을 읽으면서 '예술이란 무엇인가?'에 관해 묻지 않을 수 없었다. 자기를 만족시키는 행위인가, 대중을 만족시키는 행위인가, 평론가를 만족시키는 행위인가, 그 모든 걸 아우르는 것인가.

《작품》은 인상주의 대표 화가인 폴 세잔이 주인공이라는 사실이 세간에 알려지면서 불티나게 팔려나갔다. 그러나 정작 폴 세잔은 자신이 모델이라는 클로드의 삶이 마음에 들지 않았다. 그는 에밀 졸라에게 형식적인 감사 인사를 적은 편지를 보낸 뒤 절연했다.

예술가에게 혼자 있는 시간은 창작을 위해서 꼭 필요하다. 머릿속 상상을 현실화하는 데는 고통이 따른다. 상상과 현실에는 차이가 존재한다. 그러다 보니 작가는 쓰고 싶은 대로 글을 쓰는 것이 아니라 쓸 수 있는 대로 쓰고, 화가 또한 그리고 싶은 것을 그리는 것이 아니라 그릴 수 있는 대로 그린다.

아무리 멋진 작품을 상상하고 있다고 해도 현실 속에서 완벽하게 재현해낼 수는 없다. 완벽은 인간의 영역이 아니라 신의 영역이다. 인간은 기껏해야 상상과 최대한 흡사하게 표현할 수 있을 뿐이다.

에밀 졸라는 이렇게 말하고 싶었던 건지도 모르겠다. '예술가의 삶이 비극으로 끝날 수밖에 없는 이유는 예술이 신의 권위에 대한 인간의 도전이기 때문이다'라고.

"잘 알아. 이게 네가 꿈꿨던 삶은 아니라는 걸. 아주 어린 나이는 아니지만 꿈꿀 수 있는 나이잖아. 그러니 희망을 가지렴."

데이비드 O. 러셀 감독의 2015년 크리스마스 개봉작인 〈조이〉는 조이 망가노라는 여성 사업가의 성공 스토리를 다룬 영화다. 제니퍼 로렌스가 조이 역을 맡아 열연하였는데, 제73회 골든글러브 시상식에서 뮤지컬 코미디 부문 여우주연상을 받았다.

이 영화는 느닷없이 어머니가 좋아하는 드라마의 한 장면이 나오고, 이어서 조이 할머니의 내레이션과 함께 눈 내리는 풍경이 펼쳐진다. 간단한 가족 소개와 함께 만드는 걸 좋아하던 조이의 어린 시절이 잠깐 등장한다. 위의 대사는 장면이 바뀌면서 성인이 된 조이에게 할머니가 해주는 말이다.

항공사 예약 담당 직원인 조이는 두 아이를 키우는 이혼녀가 되었다. 드라마에 푹 빠져 사는 엄마와 항상 격려해주는 할머니, 그리고 지하실에 얹혀사는 전남편과 함께 살고 있다. 그런데 2년 전에 집을 나갔던 자유분방한 삶을 살아가는 아버지가 들이닥치고, 한바탕 난동 끝에 한집에서 지내게 된다.

직장에서는 고객의 항의 때문에 야간 파트로 옮기게 되고, 아버지는 데이트할 기분에 들떠서 집을 나선다. 어머니 방은 배수관이 터져서 물이 새는 등 어디에도 희망은 보이지 않는다.

낭만적인 감정에 사로잡혀서 아버지의 반대에도 강행한 결혼식. 부모와는 다른 삶을 살고 싶었지만 결국 아버지가 결혼식 때 퍼부었던 악담이 현실이 되어서 이혼녀가 되었다.

아버지의 새로운 여자 친구가 초대해서 타게 된 요트. 와인잔이 깨지면서 갑판에 레드와인이 쏟아진다. 대걸레로 청소하다가 손을 다친 조이는 새로운 발명품을 생각해낸다.

도안을 그리고, 투자설명회를 거쳐 투자를 받고, 특허 관련 상품이 없는지 조사하고, 비슷한 특허를 갖고 있는 사업자에게 특허 비용을 지급하기로 합의하고, 직원을 고용해서 마침내 손을 대지 않고 물기를 짜낼 수 있는 밀대걸레, '미라클 몹'을 생산해낸다.

그러나 진정한 고난은 이제부터 시작된다.

뇌는 익숙한 것을 선호하기 때문에 혁신적인 제품일수록 소비자는 거부감을 갖게 마련이다. 신뢰할 수 있는 기업도 아닌 개인이 만든 신제품으로 소비자를 설득하기란 결코 쉬운 일이 아니다.

전남편의 소개로 홈쇼핑에 진출한 '미라클 몹'. 5만 개를 생산하기 위해서는 돈이 필요한데 투자자는 리스크를 나누자며 집을 담보로 맡길 것을 요구한다. 결국 벼랑 끝에 선 조이. 과연 모든 것을 건 승부는 어떻게 될 것인가?

우리는 누구나 혼자 있는 시간에 창조물을 만들 수 있다. 그것은 음악이 될 수도 있고, 문학이 될 수도 있고, 그림이 될 수도 있고, 발명품이 될 수도 있고, 세상이 꼭 필요로 하는 또 다른 무엇인가가 될 수도 있다.

창조는 고독한 일이다. 닭도 알을 품기 시작하면 부화 기간인 21일 동안 꼼짝하지 않는다. 인간도 마찬가지다. 때로는 짧게 끝나기도 하지만 때로는 아주 오랜 기간 고독한 시간을 보내야 한다.

또한 창조는 힘들고 고단하다. 그럼에도 인간이 혼자 있는 시간에 고독에 침잠하는 이유는 그로 말미암은 성취감 때문이다.

쇼호스트가 홈쇼핑에서 '미라클 몹'을 소개했지만 실패로 끝난다. 파산 신청을 해야 하는 절망적인 상황에서 조이가 직접 쇼호스트가 되어서 방송에 출연한다.

생방송 도중 미친 듯이 올라가는 판매 숫자를 바라보며, 조이는 지난 삶을 보상받는다. 성공은 가난하고 고단한 날들을 지나며 알게 모르게 입었던 상처를 치유해주게 마련이다. 마치 나빴던 일들은 이생에 있었던 것이 아니라 전생의 기억인 것처럼.

완벽을 두려워하지 마라. 어차피 완벽할 수는 없을 테니까.

_살바도르 달리

혼자 있는 시간의 장점 중 하나는 창작을 도와준다는 것이다. 내가 상상했던 것들에 가깝게 작품을 완성할 수 있도록 충분한 기회를 제공한다.

좋은 아이디어를 갖고 있는가?

그렇다면 주저하지 말고 혼자 있는 시간을 마련한 뒤, 고독 속으로 들어가라. 처음에는 낯설고 어색하겠지만 고독한 시간이 지날수록 막연했던 상상이 현실로 변해가는 것을 눈으로 확인할 수 있으리라.

그러다 어느 순간, 성취감이 영혼을 흠뻑 적시며 가슴을 뻐근하게 하리라.

인간관계의 소중함을 깨닫게 한다

이 감옥을 없애는 게 뭔지 아니? 깊고 참된 사랑이다. 친구
가 되고 형제가 되고 사랑하는 것, 그것이 최상의 가치이며
그 마술적 힘이 감옥 문을 열어준다. 그것이 없다면 우리는
죽은 것과 같다. 사랑이 다시 살아나는 곳에서 인생도 다시
태어난다. 이 감옥이란 편견, 오해, 치명적인 무지, 의심, 거
짓 겸손 등의 다른 이름이기도 하다.

_빈센트 반 고흐, 《반 고흐, 영혼의 편지》(예담) 중에서

빈센트 반 고흐는 서양미술사에서 가장 중요한 화가 중 한 명
이다.

《반 고흐, 영혼의 편지》는 반 고흐가 가족이나 동료에게 보낸

편지 가운데 일부를 선별하여 엮은 것으로, 위의 글은 1880년 7월에 네 살 어린 동생 테오에게 보낸 편지 중 일부다.

반 고흐는 자신을 '새장에 갇힌 새'에 비유한다. 본의 아니게 쓸모없게 된 사람들이란 새장에 갇힌 새와 비슷하다며 자신의 처지를 한탄한다.

그는 37년이란 짧은 생을 살다 갔는데 그중 그림에 전념했던 기간은 10년 남짓이었다.

고독한 시간 속에서 창작에 대한 열정을 불살랐지만 그렇다고 세상과 동떨어져 있었던 것은 아니다. 사람을 좋아했던 고흐는 아는 화가들에게 편지를 보내 화가 공동체를 구성하자고 제안하기도 했다.

반 고흐는 고독한 시간 속에서도 세상 사람들에게 한 발 더 다가가고 싶어 했다. 삶의 아름다움을 자신만의 기법으로 표현하고 싶어 했다.

> 서로 보완해주는 두 가지 색을 결합함으로써 연인의 사랑을 보여주는 일, 그 색을 혼합하거나 대조를 이루어서 마음의 신비로운 떨림을 표현하는 일, 얼굴을 어두운 배경에 대비되는 밝은 톤의 광채로 빛나게 해서 어떤 사상을 표현하는 일, 별을 그려서 희망을 표현하는 일, 석양을 통해 어떤 사람의 열정을 표현하는 일, 이런 건 결코 눈속임이라 할

수 없다. 실제로 존재하는 걸 표현하는 것이니까.

《반 고흐, 영혼의 편지》중에서

반 고흐의 고독은 돈을 많이 버는 화가가 되고 싶은 야망을 밑그림으로 하고 있다. 누군들 그러하지 않겠는가마는, 그 역시 유명 화가가 되어서 세상에 여봐란듯이 모습을 드러내고 싶어 했다.

그러나 그는 죽을 때까지 무명 화가에서 벗어나지 못했다. 생전에 팔린 그림은 딱 한 점에 불과했는데, 그것도 그가 권총으로 자살한 해에 판매된 것이었다.

1813년에 출간된 아델베르트 폰 샤미소의 《그림자를 판 사나이》는 궁핍한 청년 슐레밀이 자신의 그림자와 금화가 마르지 않는 마법의 주머니와 바꾸면서 일어나는 일을 그린 소설이다.

살아오는 동안 아무런 가치도 느끼지 못한 그림자였건만 막상 사라지고 나자, 특별한 가치를 지닌 채 다가온다. 그림자가 없어 외톨이가 된 그는 뒤늦게 인간관계의 소중함을 깨닫는다.

소설 후반부, 슐레밀은 친구인 작가에게 보내는 편지에서 나의 이야기를 잘 간직해달라고 부탁하며 이렇게 말한다.

'친구여, 자네가 만약 사람들 가운데 살고 싶다면, 부디 사람들에게 무엇보다도 그림자를 중시하고 그다음에 돈을 중시하라고 가르쳐주게나. 물론 자네가 단지 자기 자신, 그리고 더 나은 자기 자신과 함께 살고 싶다면, 자네에게는 그 어떤 충고도 필요 없겠지만.'

여기서 그림자는 여러 의미로 해석할 수 있다. 조국이나 추억이 될 수도 있고, 인간의 존재 이유가 될 수도 있고, 공동체생활에 필요한 자격이 될 수도 있고, 또 다른 무엇이 될 수도 있다.

내가 이 소설을 읽으면서 느낀 것 중 하나는 혼자 있는 시간의 힘과 가치를 아는 사람일수록 인간관계에 대한 소중함 또한 알고 있다는 점이다.

항상 사람들 무리에 둘러싸여 있는 이는 인간관계의 소중함을 모른다. 우리가 평상시에는 생명의 원천인 공기와 물의 소중함을 잊은 채 살아가는 것처럼.

제이슨 라이트먼 감독의 2009년 개봉작 〈인 디 에어〉는 월터 컨의 소설 《업 인 디 에어》가 원작이다. 각색해서 원작 소설과는 내용이 상당 부분 다른데, 제67회 골든글로브 시상식에서 각본상을 받았다.

영화는 해고된 사람들이 나와서 자신의 감정이나 상황을 털어놓는 것으로 시작된다. 하루아침에 해고가 되었으니, 그 누군들 당혹스럽지 않겠는가.

해고 전문가이자 동기부여 강사이기도 한 라이언 빙험(조지

클루니)은 1년 365일 중 322일은 출장이다. 해고 대상자를 찾아가 면전에서 해고를 통보하는 일이 그의 업무다.

그는 부평초처럼 떠돌아다니는 현재의 삶에 만족한다. 연애는 하지만 결혼할 생각은 없다. 그의 삶의 유일한 목표는 항공 마일리지 1천만 포인트를 모아서, 세계에서 7번째로 권위의 상징인 플래티넘 카드를 얻는 것뿐이다.

하지만 그의 꿈은 신입사원인 나탈리 키너(애나 켄드릭)가 사장에게 화상 해고 인터뷰 시스템을 제안하면서 흔들리기 시작한다. 나름대로 전문가라 자부하는 라이언은 해고라는 중대한 문제를 화상으로 처리하자는 나탈리의 시스템에 반대한다.

사장은 나탈리를 데리고 다니며 어느 쪽이 더 나은지 결론을 찾아보라고 한다. 어쩔 수 없이 두 사람은 동행하게 된다. 라이언은 가끔 출장지에서 재회한 알렉스와 밀회를 나누면서 출장 생활을 즐긴다.

라이언은 알렉스와 함께 여동생의 결혼식에 간다. 즐거운 시간을 보내고 있는데 누나로부터 신랑이 결혼식장에 들어서기 겁이 난다고 하니 설득해달라는 부탁을 받는다. 결혼한 적도, 결혼에 대해서는 생각해본 적도 없었던 라이언으로서는 최대의 난제다.

라이언은 신랑에게 인생에서 가장 행복한 순간에 혼자 있었느냐고 묻는다. 그러면서 이렇게 덧붙인다.

"사람은 누구나 부조종사가 필요하지."

이 영화는 인간의 삶을 위로해주는 것은 진실한 인간관계라는 메시지를 던지고 있다. 해고와 같은 어려운 일을 겪을 때일수록 가족이 힘이 된다면서.

우리는 종종 삶의 목표를 향해 달리다 길을 잃어버린다. 권력이나 명성, 성과를 좇다가 진정한 삶의 목표인 행복을 놓쳐버린다.

고독한 시간이 빛이 나는 까닭은 그 자체로 빛을 발한다기보다는 가족의 행복을 그 안에 갈무리하고 있기 때문이다.

> 내가 사람들과 함께 있을 때면 나는 그들로부터 얼마나 멀리 떨어져 있고, 그들이 멀리 떨어져 있을 때는 얼마나 가까이 함께 있는가.
>
> _칼릴 지브란

필요와 의무만 남은 인간관계로 말미암아 우리는 종종 관계의 소중함을 잊고 산다. 혼자 있는 시간의 장점 중 하나는 인간관계의 소중함과 가치를 깨닫게 한다는 점이다.

이 세상은 음양으로 이루어져 있다. 아무리 똑똑한 인간일지라도 세상을 혼자서 살아갈 수는 없다.

그렇다고 해서 인간관계에만 집중하다 보면 '나' 자신을 잃어버리게 된다. 우리는 때로는 가족의 행복을 위해서, 상상을 현실화하기 위해서 기꺼이 혼자서 시간을 보내야 한다.

혼자 있는 시간은 우리가 제대로 된 인생을 살아갈 수 있도록 돕는다.

CHAPTER 3

크로노스의 시간을
카이로스의 시간으로

외로움은 함께할 사람의 결핍이 아니라
목적의 결핍에서 비롯되는 것이다.
_길예르모 말도나도

아무도 나를 이해하지 못해

어느 날 아침 그레고르 잠자가 불안한 꿈에서 깨어났을 때 그는 침대 속에서 한 마리의 흉측한 갑충으로 변해 있는 자신의 모습을 발견했다. 그는 철갑처럼 단단한 등껍질을 대고 누워 있었다. 머리를 약간 쳐들어보니 불룩하게 솟은 갈색의 배가 보였고 그 배는 다시 활 모양으로 휜 각질의 칸들로 나뉘어 있었다. 이불은 금방이라도 주르륵 미끄러져 내릴 듯 둥그런 언덕 같은 배 위에 가까스로 덮여 있었다. 몸뚱이에 비해 형편없이 가느다란 수많은 다리들은 애처롭게 버둥거리며 그의 눈앞에서 어른거렸다.

_프란츠 카프카, 《변신》(문학동네) 중에서

1912년 작품으로 1915년에 발표된 카프카의 《변신》은 자고 일어나니 벌레로 변해버린 세일즈맨의 이야기이다. 가족을 위해서 헌신했지만 소통이 단절되면서 점점 인간이라는 존재감조차 잃어버리고, 끝내는 자신의 방에서 쓸쓸한 죽음을 맞이한다는 내용이다.

이 소설은 카프카의 자전적 소설이다. 아버지는 자수성가한 유대인 상인으로 활달하고 자기주장이 강한 사람이었다. 반면 카프카는 병약한 데다 내성적이었다. 아버지는 카프카의 우울을 이해하지 못했고, 그는 그럴수록 고독 속에서 독서를 즐겼다.

카프카는 문학에 관심이 있었으나 아버지의 뜻에 따라 법학을 전공했다. 가족들은 자기만의 세계에 빠져 폐쇄적인 삶을 살아가는 그를 이해하지 못했다. 카프카는 보험 회사를 전전하다가 오후 2시면 업무가 끝나는 노동자 상해보험 회사로 옮겼다. 그는 일을 마치고 집으로 돌아오면 혼자 있는 시간을 활용해서 《변신》을 썼다.

존재의 불안과 소외를 다룬 이 작품은 제1차 산업혁명이 끝나고 제2차 산업혁명이 시작되려는 시기에 집필됐다. 거대한 문명의 소용돌이 속에서 '대체 가능한 존재'로 변신한 인간의 외로움을 한 마리 벌레를 통해서 상징적으로 묘사하고 있다. 중편소설이어서 완독하기까지 그리 오랜 시간이 걸리지 않는다. 비교적 담담한 결말임에도, 책을 덮고 나면 인생이 허무하다는 생각과 함께 가슴이 먹먹해진다.

"날 이해해주는 사람이 아무도 없어요. 그래서 더 외로워요!"

모처럼 만에 만난 K는 술잔을 들여다보며 혼잣말처럼 중얼거렸다.

그의 꿈은 회사를 그만두고 백수가 되는 것이라고 했다. 서울의 4년제 대학을 졸업한 그는 취업 삼수 끝에 대기업에 입사했다. 합격 소식을 들었을 때는 세상 모든 것을 가진 듯 기뻤지만, 그 기쁨은 오래가지 못했다.

상사는 전생의 원수인 양 온갖 트집을 잡아 잔소리를 쏟아냈다. 자존심이 무너졌고, 서서히 자존감마저 허물어지면서 우울증이 찾아왔다. 눈물을 쏟으면서 3년을 버티다가 벤처 회사로 이직했다.

그러자 가족은 물론이고 친구들도 그를 이해하지 못했다. 하나같이 이렇게 말했다.

"대기업을 버리고 벤처 회사로 옮겼다고? 제정신이야?"

현실적으로 따져보니 월급도 줄었고, 복지도 줄었고, 출퇴근 시간도 오래 걸렸다. 좋은 점보다는 나쁜 점이 훨씬 많았다. 하지만 그는 만족했다. 더 이상 원수 같은 상사의 얼굴을 보지 않아도 된다는 사실만으로도 그 모든 것을 상쇄하고도 남았다.

신생 회사여서 업무 체계가 잡혀 있지 않았다. 여러 일을 맡아서 처리하다 보니 전 직장에 비해서 업무가 세 배 남짓 늘어났다. 전 직장에서 잔소리를 귀에 못 박히도록 들었던 터라 신중에 신중을 기했지만, 실수는 걷잡을 수 없이 늘어났다.

새로운 상사도 잔소리하기 시작했고, 시간이 지나면서 강도도 점점 높아졌다. 그는 비로소 깨달았다. 자신에게는 상사 복이 부족한 것이 아니라 일머리가 부족하다는 사실을.

언제부터인가 출근이 지옥처럼 느껴졌다. 퇴사하겠다고 하자 가족들이 필사적으로 만류했다. 여기서 그만두면 더 이상 갈 곳이 없다면서, 결혼 적령기인데 남은 인생은 어떻게 살려고 그러느냐며.

"그냥 편의점 같은 곳에서 아르바이트나 하면서 혼자 살래요."

"평생? 잘나가는 친구들의 삶을 부러워하면서?"

K는 대화하면 할수록 가슴이 답답했다. 자신은 현실에 관해 이야기하는데 부모는 미래에 관해 이야기하고 있었다. 대화는 좀처럼 합의점을 찾지 못하고 끝없이 맴돌았다.

언제부터인가 아무도 자신을 이해하지 못하고 있다는 생각이 들었다. 그러자 외로움이 밀려들었다. 세상 사람들은 무엇이 그리 즐거운지 연신 웃고 떠들어댔지만, 그는 웃을 수 없었다. 마음속 즐거움이란 즐거움은 모두 사라져버린 것만 같았다.

"왜 이렇게 외롭죠? 선생님, 인생이란 것 자체가 원래 그런 건가요?"

K는 술에 취해서 물기 어린 눈동자로 빤히 쳐다보았다. 한순간, 그의 외로움이 광장에 들어섰을 때 불어오는 바람처럼 와락 밀려들었다.

나는 거울을 발견하면 미소를 짓는 습관이 있다. 자연스러운 미소를 짓는 연습을 하는 한편, 나에 대한 친근감을 느끼기 위함이다.

거울 속의 '나'지만 볼 때마다 매번 그 느낌이 다르다. 어떤 때는 내가 아닌 다른 사람처럼 느껴질 때도 있다. 특히 깊은 외로움에 빠져 있을 때는 낯선 사람처럼 느껴진다.

나는 고등학교를 졸업하고 한동안 방황했다. 가출해서 목장에서 일했고, 과수원에서 일했고, 파도에 흔들리는 밧줄 끊긴 부표처럼 전국의 공사판을 떠돌아다니기도 했다.

그 시절 무척 외로웠다. 미래에 대한 꿈도 없었지만 나를 이해해줄 사람이 없다는 사실에 더욱더 외로웠다.

허진호 감독의 2007년 작품인 〈행복〉이라는 영화는 영수(황정민)가 간경변을 치료하기 위해 요양원에 입소했다가 중증 폐질환 환자인 은희(임수정)를 만나 사랑을 나누는 이야기이다.

영수는 병이 호전되자 화려했던 서울의 생활을 못 잊어서, 오열하는 은희를 남겨놓고 서울로 돌아온다. 예전의 방탕했던 생활로 돌아오지만 외로움은 점점 깊어진다. 그는 화장실에서 소변을 보다가 거울 속 자신을 향해서 침을 뱉는다. 자신에 대한 실망과 환멸을 상징적으로 드러낸 장면이다.

부표처럼 떠돌아다니던 젊은 시절, 나 역시도 자신에 대한 실망과 환멸에 빠져 있었다. 그래서 일부러 거울을 외면하고 살았다. 세수할 때도, 외출할 때도, 엘리베이터 안에서도 거울 속의 나와 눈을 마주치지 않았다. 나는 나를 만나기가 두려웠다.

그러던 어느 해 봄밤이었다. 일을 마치고 숙소로 돌아가는 길이었다. 땅을 보고 걷다가 문득, 쇼윈도에 비친 내 모습을 정면으로 바라보았다.

등 뒤에는 가지마다 환한 등불을 켠 목련이 피어 있었고, 사람들이 삼삼오오 무리 지어 그 밑을 지나갔다. 헝클어진 머리를 한 청년이 바지 주머니에 양손을 넣은 채 구부정하게 서 있었는데, 표정은 석고상처럼 굳어 있었고 눈동자에는 슬픔이 가득 차 있었다.

외면하고 싶었던, 그리고 실제로 외면해왔던 내 모습이었다. 유리 저편에 비친 나의 모습이 뼈가 시리도록 외로워 보였다.

사실 내가 그동안 외면해왔던 것은 가난이다. 가난은 구멍 난 양말 밖으로 삐져나온 어머니의 발가락 같은 것이어서 쳐다보기가 민망하다. 특히 정신적으로 성숙하지 못한 시절에는 더욱 그렇다.

나는 가난도 싫었고, 가난 앞에 무기력한 나 자신도 싫었다.

꿈도 희망도 없이, 운명이라는 파도가 치는 대로 이리저리 휩쓸려 다니는 내 모습이 꼴도 보기 싫었다.

봄밤에 낯선 거리에서 오랫동안 외면해왔던 나의 모습을 한참 들여다보고 있으니 까닭 모를 눈물이 주르륵 흘러내렸다. 평생을 이렇게 외로워하며 떠돌아다닐 수는 없다는 생각이 들었고, 난데없이 대학에 가야겠다는 생각이 들었다.

'가족들이 내 꿈을 돕지 못한다면 내가 돕자. 내 손으로 돈을 벌어서 대학을 다니자!'

인생을 살다 보면 몇 번의 깨달음을 얻게 된다.

나는 그 무렵 물속에 빠져서 허우적거리고 있었다. 지푸라기라도 잡으려고 열심히 허공을 휘저었지만, 잡히는 것은 허공뿐이었다.

몇 번의 시도가 실패로 돌아가자, 나를 구할 사람은 오직 나뿐이라는 생각이 들었다. 세상 사람들은 각자의 삶을 살아가느라 타인의 삶에는 무심했다.

가족들이 내 상황을 이해하고 도와주었으면 더할 나위 없이 좋겠지만 그들은 저마다 제 앞에 놓인 가난과 싸우느라 그럴 만한 여유가 없었다. 이 세상에서 나를 뼛속까지 이해하고, 나를 가슴 깊이 끌어안아줄 사람은 나뿐이었다.

문득, 깨우치고 나자 더 이상 외롭지 않았다. 비로소 '나'라는, 세상에서 가장 소중한 벗을 발견했기 때문이다.

어른과 아이의 차이 중 하나는 자신을 이해하느냐, 그렇지 못하느냐는 것이다. 아이들은 자신을 이해하지 못한다.

그러다 보니 혼자서 풀기 어려운 문제에 직면했을 때 해결 방법을 모색하기보다는 외면한다. 많은 아이의 방황은 그렇게 시작된다.

J. D. 샐린저의 《호밀밭의 파수꾼》에서 주인공 홀든 콜필드는 크리스마스 휴가를 앞두고 낙제해서 퇴학당한다. 그는 끝없이 밀려오는 외로움을 잊기 위해 이리저리 방황하다가 동생을 찾아간다. 대화 도중에 동생이 꿈이 뭐냐고 묻자, 이렇게 대답한다. 넓은 호밀밭에서 수천 명의 아이가 놀이하다가 낭떠러지에서 떨어질 것 같으면 달려가서 붙잡아주는 파수꾼이 되고 싶다고.

호밀밭의 파수꾼이 되고 싶은 그의 마음속에는 누군가 자신을 진심으로 이해해주고, 벼랑 끝에 위태로이 서 있는 자신을 붙잡아주었으면 하는 간절한 바람이 숨겨져 있다.

아이들은 누군가 자신을 이해해주길 갈구하며 자신의 정체성을 찾아 방황한다. 그러다 어느 순간 자신이 처한 현실을 직면하고, 마침내 자신을 진정으로 이해해줄 사람은 자기 자신밖에 없다는 사실을 깨닫게 될 때, 비로소 어른이 된다.

정신적으로든 육체적으로든 홀로 설 준비가 된 것이다.

외로움의 원인 중 하나는 아무도 나를 이해하지 못한다는 슬픔에서 비롯된다. 그것은 사실일 수도 있고, 나만의 착각일 수도 있다. 중요한 것은 기대가 크면 실망이 크듯이 이해를 바라는 마음이 클수록 외로움도 깊어진다는 사실이다.

세상에서 가장 사랑하는 사람이 나를 이해하지 못한다고 느낄 때의 슬픔은 절망으로 이어진다. 그것은 밑이 없는 우물에 내던져진 듯한 깊은 외로움을 불러오고, 세월이 흘러도 사라지지 않는 상처로 남는다.

혼자 남겨진 나의 외로움을 치유해줄 사람은 나뿐이다. 물론 종교 지도자나 의사, 스승, 가족, 연인, 친구 등이 어느 정도는 치유해줄 수 있다. 그러나 뿌리까지 치유해주지는 못한다.

> 내 안에는 나 혼자 살고 있는 고독의 장소가 있다. 그곳은 말라붙은 마음을 소생시키는 단 하나의 장소이다.
>
> _펄 S. 벅

인생이 외롭고 힘들다면 '나'를 만나야 할 시간이다. 밖에서 사람들을 만나고, 친구들과 떠돌아다니는 기간이 늘어날수록 나와의 거리는 점점 멀어진다.

세상 모든 사람이 나를 이해하지 못하더라도 애써 밖에서 이해를 구하려 하지 마라. 세상 사람들의 마음은 내 마음 같지 않다. 실망만 커질 뿐이다.

당신이 지금 지독히도 외롭다면 크로노스의 시간 속에서 허망한 나날들을 보내고 있기 때문이다. 삶의 목표를 잃어서 더이상 할 일이 없기 때문이다.

외롭고 힘들다면 크로노스의 시간과 작별하고 카이로스의 시간 속으로 들어가야 한다. 그것이 무엇이든 크기와 상관없이 하나의 목표를 세운 뒤, 혼자 있는 시간을 활용해서 고독 속으로 침잠하라.

고독 속에서 사명감을 발견하거나 목표를 향해 나아가다 보면, 나를 이해하게 되는 순간과 마주하게 된다. 내가 나를 이해하는 순간, 그동안의 상처는 말끔히 치유된다.

세상에 대한 원망이나 섭섭함은 거짓말처럼 사라진다.

나는 무엇을 해야 하는가?

나는 누구인가? 나는 무엇을 해야 하는가? 나는 무엇을 믿고 무엇에 대해 희망을 가져야 하는가? 철학의 모든 것은 이 세 가지 질문이라고 철학자 리히텐베르크는 말했다. 이 질문 가운데 가장 중요한 것은 '나는 무엇을 해야 하는가'다. 인간이 무엇을 해야 하는지 알고 있다면 인간이 알아야 할 모든 걸 알고 있는 것이다.

_톨스토이,《인생론》(메이트북스) 중에서

인생에 대한 근원적인 물음은 아주 오래전부터 계속됐다. 철학자는 물론이고, 예술가나 과학자도 '인생은 무엇인가?'에 관한 물음에서 벗어날 수 없다. 인생을 살아가는 그 주체가 바로 인간이기 때문이다.

"인간은 어디에서 왔는가?"라고 종교인에게 묻는다면 신의 창조물이라는 대답이 돌아오리라. 과학자에게 같은 질문을 던진다면 태양계가 생성되었던 46억 년 전 초신성의 폭발을 언급하며, 인간은 별에서 왔다고 대답하리라.

인간에 대한 근원적인 질문은 예술가를 매혹한 소재 중 하나다. 대개는 비유나 은유를 통해서 조심스레 다가가게 마련인데, 아예 대놓고 직접적으로 다가가기도 한다.

대표적인 작품이 폴 고갱의 1897년 작품인 〈우리는 어디에서 왔는가? 우리는 무엇인가? 우리는 어디로 가는가?〉이다. 이 작품은 가로 4미터, 세로 1.4미터의 대작이다.

주식 중개인이었던 고갱은 취미로 그림을 그리다가 화가로 전업했다. 자신의 성공을 확신했던 그는 1891년 4월 파리를 떠나 원시적인 냄새가 물씬 풍기는 타이티로 건너가서 원주민과 함께 생활하며 활발한 작품 활동을 했다. 2년 뒤에 귀국하여 작품전을 열었으나 대중의 반응은 기대와는 달리 냉담했다.

열정을 갖고 시도했던 일이 수포로 돌아가자, 지독한 외로움이 밀려왔다. 그는 가족을 남겨둔 채 자신의 이상향인 타이티로 돌아갔다. 그러나 영원히 원시의 섬으로 남기를 바랐던 타이티에도 문명의 손길이 미치기 시작했다.

생활고에 시달리다 보니 건강이 악화됐다. 거기다가 설상가

상으로 딸이 사망했다는 소식까지 들려왔다.

외로움이 점점 심해지자, 자살을 결심한 그는 유언 대신 작품을 남기기로 작정했다. 한 달 남짓한 기간 동안 밤낮을 가리지 않고 그림에만 매달렸고, 〈우리는 어디에서 왔는가? 우리는 무엇인가? 우리는 어디로 가는가?〉라는 명작을 남겼다. 혼자 있는 시간에 외로움에 떨던 그가 작정하고 고독 속으로 걸어 들어 갔기에 가능했던 일이다.

고갱은 사후에 유명해진 화가 중 한 명이다. 그는 인생을 살아오면서 얻은 자신의 철학을 화폭에 담았다. 하지만 '우리는 어디에서 왔는가? 우리는 무엇인가? 우리는 어디로 가는가?'라는 물음에 대한 명확한 답을 알고 있었던 것은 아닌 듯싶다.

그래도 한 가지만은 분명하다. 사랑했던 딸의 사망 소식이 들려왔을 때 그는 죽을 만큼 슬펐고 죽을 만큼 외로웠지만, 그림을 그리는 동안만큼은 그런 감정으로부터 잠시나마 벗어날 수 있었다는 것이다.

"남은 생을 어떻게 살아야 할지 모르겠어요."

남편을 크레인 사고로 잃은 P가 눈물을 글썽이며 말했다. 그녀 옆에서 어린 딸이 흐느끼는 엄마의 등을 다독거렸다.

살다 보면 삶이 막막하게 느껴질 때가 있다. 사랑하는 사람과 사별했을 때, 오랫동안 계획했던 일이 수포가 되었을 때, 나 자신이 무능하다는 생각이 들 때, 믿었던 사람에게 배신당했을 때, 삶이 허무하게 느껴질 때…….

전신의 맥이 탁 풀리면서 지독한 외로움이 밀려든다. 오랫동안 몸담았던 세계에서 강제로 추방당해서, 사막에 홀로 서 있는 것만 같은 기분이 든다.

나는 '우리가 어디에서 왔고, 무엇이고, 어디로 가는지' 모른다. 또한 '나는 누구이고, 무엇을 해야 하고, 무엇을 믿으며, 무엇에 대해 희망을 가져야 하는지'에 대해서도 명확한 답을 해줄 수는 없다.

그러나 지독한 외로움이 밀려올수록 외로움에 몸을 맡겨서는 안 된다는 사실만큼은 알고 있다. 크로노스의 시간은 우리의 예상보다 빠르게 흐른다. 제정신을 차리고 있지 않으면 10년, 20년쯤은 순식간에 흘러간다.

삶이 지옥 같을수록 목표를 설정하고, 카이로스의 시간을 보내야 한다. 손가락 하나 까딱하기 힘겨운 상황일지라도, 새로운 목표가 생기면 무기력에 빠져 있던 뇌가 활성화되고, 몸을 움직이다 보면 상황도 서서히 바뀌게 마련이다.

목표 없는 삶은 외롭다.

노자가 《도덕경》에서 말했듯, 성장이 멈춰서 딱딱해지면 죽을 일만 남는다. 노인들의 삶이 외로운 이유도 혼자 있는 시간이 늘어났기 때문이 아니라, 목표가 사라졌기 때문이다. 카이로스의 시간은 사라지고, 크로노스의 시간만 남아 있기 때문이다.

> 인간이 가장 행복한 시간은 일에 몰두하고 있을 때이다. 인
> 간의 외로움은 삶에 대한 두려움에 불과할 뿐이다.
>
> _유진 오닐

내 앞의 삶에 온전히 집중한다면 외로움이 스며들 틈이 없다. 내 삶에서 시선을 뗄 때 외로움이 태풍처럼 휘몰아친다.

학력이 짧다고, 돈이 없다고, 특출한 능력이 없다고, 나이를 먹었다고 해서 스스로 포기하지 마라. 아직 맥박이 뛰고 있다면 뚜렷한 목표를 세워라. 폴 고갱이 그랬던 것처럼 죽기 전에 반드시 끝내야만 할 무언가를 찾아라.

인생이 뜻대로 흘러가지 않을지라도 목표를 향해서 뚜벅뚜벅 걸음을 옮겨라. 걷고, 걷다 보면 출발점과는 또 다른 세상과 마주하리라.

행복은 발견하는 것이다

우리 모두 자신의 보물을 찾아 전보다 더 나은 삶을 살아가는 것, 그게 연금술인 거지. 남은 세상이 더 이상 납을 필요로 하지 않을 때까지 납의 역할을 다하고 마침내는 금으로 변하는 거야. 무엇을 하는가는 중요치 않네. 이 땅 위의 모든 이들은 늘 세상의 역사에서 저마다 중요한 역할을 하고 있으니. 다만 대개는 그 사실을 모르고 있을 뿐이지. 그대의 보물이 있는 곳에 그대의 마음 또한 있을 것이네.

_파울로 코엘료, 《연금술사》(문학동네) 중에서

1988년에 출간된 《연금술사》는 68개 언어로 번역된 세계적인 베스트셀러다. 국내에는 2001년 12월에 출간되어 단숨에 화제가 되었다.

줄거리는 양치기 청년 산티아고가 보물을 찾아 여행을 떠났다가 연금술사를 만나고, 함께 피라미드로 가서 보물을 찾기까지의 여정을 그리고 있다.

보물을 찾기까지의 여정은 '자아'를 찾아가는 과정이라 할 수 있다. 주인공 산티아고는 세계적인 신화학자 조지프 캠벨이 정리한 서사 구조인 '영웅의 여정'을 차근차근 밟아간다.

이 작품은 상징과 은유를 통한 인생 전반에 대한 통찰이 담겨 있어서, 소설이라는 형식을 빌린 쉽게 쓰인 철학 입문서라는 생각마저 든다. 이 책이 베스트셀러가 된 데는 몇 가지 이유가 있지만 그중 하나는 따뜻하고 희망적이기 때문이다.

'이 세상에는 위대한 진실이 하나 있어. 무언가를 온 마음을 다해 원한다면, 반드시 그렇게 된다는 거야. 무언가를 바라는 마음은 곧 우주의 마음으로부터 비롯된 때문이지. 그리고 그것을 실현하는 게 이 땅에서 자네가 맡은 임무라네.'

이 문장을 읽으며 '나는 과연 온 마음을 다해서 간절히 바랐던가?'를 자문해보지 않은 사람이 얼마나 있을까.

"저 역시 간절히 바라면 반드시 이루어진다고 믿었기에, 정말 열심히 살았어요! 그런데 세월이 흘러 돌아보니까 루저에 불과하더라고요."

대기업 식료품 구매부에서 근무하던 S가 퇴직한 것은 대리 3년 차 때였다. 결혼한 지 1년밖에 되지 않은 데다 아이까지 태어나서, 주변에서는 하나같이 만류했다. 그러나 직장생활만으로는 절대 부자가 될 수 없다고 판단한 그는 결단을 내렸다.

살던 집을 팔아서 전세로 옮기고, 은행 대출을 받아서 프랜차이즈 한식집을 창업했다. 처음에는 인지도가 높은 데다 길목도 좋아서 장사가 꽤 잘됐다. 하지만 얼마 지나지 않아서 코로나-19가 터졌고, 손님의 발길이 뚝 끊겼다.

마음 같아서는 당장이라도 폐업하고 싶었지만, 초기 창업비용도 적잖게 들어간 데다 의무 계약 기간도 남아 있어서 그마저도 쉽지 않았다. 1년 넘게 버티다가 월세와 유지비를 도저히 감당할 수 없어서 눈물을 머금고 폐업했다.

다시 직장을 알아보았다. 그러나 불경기다 보니 취업 또한 낙타가 바늘구멍에 들어가기보다 어려웠다.

마냥 놀고 있을 수만은 없어 지역 대리점에서 택배 일을 시작했다. 일은 고됐지만 택배 물량이 폭발하던 시기여서 수입은 예상보다 괜찮았다. 지출을 최대한 줄이고 2년 남짓 악착같이 돈을 모았다. 체중이 무려 10킬로그램 넘게 빠졌지만, 다행히 은행 빚은 정리할 수 있었다.

택배 일을 그만두고 소자본으로 창업할 수 있는 일을 찾다가 모처럼 고교 동창회에 나갔다. 성공한 친구들만 모임에 나오기 때문일까. 하나같이 번듯하게 자리를 잡고 있었다. 전문직은 물론이고 일찍 사업을 시작했던 친구들 역시 코로나-19에도 꿋꿋하게 잘 버티고 있었고, 함께 직장을 다녔던 친구들은 과장으로 승진해 있었다.

그날 이후로 S는 말로 표현할 수 없는 외로움을 느꼈다. 혼자 있을 때는 물론이고, 가족들과 함께하는 시간에도 수시로 외로움이 밀려왔다. 친구들은 앞으로 쭉쭉 치고 나가는데 혼자만 뒷걸음질하고 있다는 생각이 들면 견딜 수 없이 외로웠다.

'내가 벌어진 간격을 극복하고 역전할 수 있을까?'

어쩌면 불가능할지도 모른다는 생각이 들었고, 아직 인생이 끝난 것은 아니지만 이미 패배자가 된 것만 같은 기분이 들었다.

적절한 경쟁은 자극을 줘서 성장을 돕는다. 그러나 지나친 경쟁은 스트레스와 함께 외로움을 불러온다. 외로움을 극복하려면, 남의 삶을 기웃거릴 것이 아니라 내 앞의 삶에 집중해야 한다.

> 그저 행복하기만을 원한다면 그렇게 어렵지 않다. 그러나 다른 사람들보다 더 행복하길 원한다면 그것은 어려운 일이다. 우리는 다른 사람들이 실제보다 더 행복할 거라고 상상하기 때문이다.
>
> _미셸 드 몽테뉴

그 누군들 특별한 인생을 살겠는가?

삶은 비슷비슷하다. 그럼에도 대다수가 내 앞의 삶에 집중하기보다는 다른 사람의 삶을 부러워하며 인생을 탕진한다.

외로운 사람은 눈앞에 황금이 쌓여 있어도 발견하지 못한다. 다른 곳을 바라보고 있기 때문이다. 고독한 사람만이 자기 삶에 올곧이 집중할 수 있고, 그 속에서 행복을 발견한다.

파울로 코엘료는《연금술사》를 발표하기 2년 전인 1986년 여름에 700킬로미터에 달하는 산티아고 순례길에 나섰다. 그때 보고 느꼈던 것들을 담은 에세이가 그의 첫 작품인《순례자》이다. 그는 순례자가 되어 순례길을 걸으며, 고독 속에서《연금술사》를 구상했다.

산티아고 순례길은 세계적으로 유명한 관광지 중 하나다. 빠르게 흘러가는 삶의 속도에 길들어서 눈앞의 행복을 더 이상 발견하지 못하는 세계 각국의 사람들이 모여들어서, 저마다의 방식으로 고독을 즐긴다.

외로움을 고독으로 바꾸고 싶다면 비교나 경쟁을 멈추고, 내 앞의 삶에 집중하라. 내 삶 속에서 행복을 발견하라.

만약 실패한 인생이라는 생각이 든다면 혼자서 길을 걸으며 깊은 고독 속에 침잠해보라. 굳이 스페인의 산티아고가 아니더라도, 한국에도 사색하며 걸을 수 있는 멋진 둘레길이 전국 곳곳에 조성되어 있다.

행복은 찾아가는 것이 아니라 발견하는 것이다. 산티아고도 보물을 찾아 긴 여정을 떠났지만 보물은 양치기 시절 누워서 자던 무화과나무 아래 숨겨져 있듯, 행복 또한 내 삶 속에 숨겨져 있다.

혼자서 길을 걷는다는 건 외롭다기보다는 고독하다. 이런저런 생각을 하며 길을 걷다 보면 어렵지 않게 행복을 발견할 수 있다. 들꽃 한 송이에서 행복을 발견하고, 국밥 한 그릇에 어느 순간 가슴이 뜨거워지면서 삶에 대한 열정이 화르르 되살아난다.

잘하는 것이 없는 자의 슬픔

인생에서 원했던 것은 너무나 적었건만 그마저도 주어지지 않았다. 한 줄기 햇살, 가까운 들판, 한 줌의 평온과 한 쪽의 빵, 내가 존재한다는 사실을 깨닫고 그로 인해 괴로워하지 않기, 다른 이들에게 아무것도 요구하지 않고 다른 이들로부터 아무것도 요구받지 않기. 그러나 이 모든 것을 거부당했다. 동냥 주는 것을 거절하는 이가 동정심이 없어서가 아니라 단지 외투 주머니 단추를 풀기 귀찮아서 그러듯이, 결국 내가 원한 것들은 내게 주어지지 않았다.

_페르난두 페소아, 《불안의 책》(문학동네) 중에서

이 책은 포르투갈 작가인 페루난두 페소아가 1913년부터 세상을 떠나기 직전까지, 20여 년 동안 틈틈이 공책이나 쪽지에 기록한 단상을 모은 고백록으로써, 생전에 완성한 작품이 아니라 사후에 유고 더미에서 찾아낸 미완성 원고를 엮었다. '회계 사무원 베르나르두 소아르스의 작품'이라는 부제를 달고 있는데, 총 481개의 단상으로 이루어져 있다.

등장인물의 무능이나 무기력함은 작가들이 즐겨 사용하는 수법이다. 시대적 배경이나 처한 상황을 상징적으로 드러낼 수 있기 때문이다.

소포클레스의《오이디푸스 왕》이나 알베르 카뮈의《시지프 신화》는 신이 정해준 운명 앞에 무기력할 수밖에 없지만 그럼에도 저항하는 인간의 모습을 그리고 있다.

박태원의《소설가 구보 씨의 일일》이나 이상의《날개》, 염상섭의《만세전》, 현진건의《빈처》에 나오는 인물들은 식민지 시대가 배경이다 보니 무기력한 지식인이 주인공이다.

이범선의《오발탄》, 손창섭의《비 오는 날》은 참혹한 전쟁 앞에 무기력하게 살아갈 수밖에 없는 인물들이 등장한다.

인간은 운명, 시대, 전쟁 등등의 그 어떤 이유로부터 자신의 무능을 확인하고 무기력해질 때 외로움을 느낀다.

삶이라는 치열한 전쟁터에서 강제로 무기를 빼앗겨버린 기분이라고나 할까.

L이 처음 찾아온 것은 3년 전이었다.

그녀는 영어와 중국어를 능숙하게 할 줄 아는 인재다. 대학을 졸업한 뒤 치열한 경쟁률을 뚫고, 여자는 잘 뽑지도 않는 종합 상사에 입사했다. 그러나 불경기 때문에 구조조정을 하자, 그녀는 자기 의사와 상관없는 권고사직을 당했다.

"정리해고를 당하고 나니 직장을 잃었다는 사실보다 제가 남들보다 잘하는 것이 아무것도 없다는 사실이 더 아팠어요."

나는 그녀의 고백을 듣고도 놀라지 않았다. 내가 만났던 청년 가운데 열에 일고여덟은 자신의 무능력을 토로하며 슬퍼했다.

처음에는 도무지 이해할 수 없었다. 경제적 풍요를 누리며 어려서부터 수준 높은 교육을 받아와서 그 어떤 세대보다 똑똑한 세대라 할 수 있었다. 그럼에도 "잘하는 것이 아무것도 없어서 인생을 어떻게 살아야 할지 모르겠어요"라고 입을 모아 말했다.

그들과 대화하며 몇 가지 사실을 깨달을 수 있었다. 과학 기술의 발달로 열린사회가 되면서 비교 대상이 높아졌고, 물질주의가 팽배한 사회가 되면서 물질에 대한 욕구 또한 커졌기 때문이라는 것을.

"그동안 어떻게 지냈어?"

"퇴직하고 나서, 1년 남짓 책만 읽었어요."

그녀는 처음에는 자신만의 삶의 무기를 만들기 위해 일본어 공부를 시작했다. 그러나 잡념 때문에 공부에 집중할 수 없었다.

'나에게 정말 필요한 것은 무엇일까? 물론 외국어를 하나 더 할 줄 알면 경쟁력은 생기겠지. 경쟁력을 높인다고 해서 과연 내 인생이 행복해질까?'

오랜 고심 끝에 그녀는 자신에게 필요한 것은 인생 전반에 걸쳐서 일어날 수 있는 일들을 해석할 수 있는 '자신만의 눈'이라는 결론을 내렸고, '삶의 무기'로 외국어가 아닌 철학을 선택했다.

"철학 서적에 심취하다 보니 생각하는 재미가 쏠쏠하더라고요. 통장의 잔고는 비어갔지만, 그 대신 행복감은 차올랐죠."

1년이 지나자, '인생이 무엇인가?'에 대해 어렴풋이나마 생각을 정리할 수 있었다. 그녀는 종합상사로 재취업하겠다는 계획을 버리고, 외국계 생명보험 회사에 영업사원으로 입사했다.

나로서는 다소 의외의 결과였다. 생명보험 회사 영업사원은 미래에 사라질 직업 가운데 높은 순위에 자리하고 있기 때문이었다.

"저 역시 평생 직업이라고는 생각하지 않아요. 그래도 젊었을 때 대면 영업을 경험해보고 싶었어요. 내가 잘할 수 있을까, 걱정이 많았는데 다양한 사람들을 만날 수 있어서 좋았어요! 입사 2년째인데 아직은 만족해요."

그녀는 자신이 공부했던 철학이 영업하는 데는 물론이고, 인생을 살아가는 데 적지 않은 도움이 되고 있다고 했다.

"가장 큰 수확은 자존감이 높아졌다는 거예요. 고객에게 수많은 거절을 당했지만 조금도 상처받지 않을 만큼 성장한 제가 자랑스러워요."

나는 가난에 대한 콤플렉스는 있었지만 나 자신을 무능하게 여기지는 않았다. 비교 대상이 고만고만했기 때문이다.

인터넷과 통신 기술의 발달은 공간과 시간의 벽을 허물며 세계를 하나로 연결했고, 높은 교육열은 치열한 경쟁 속으로 청년들을 내몰았다.

그 어떤 세대보다 많이 배워서 똑똑한 이 시대 청춘들을 무능하게 만든 것은 다름 아닌 경쟁이었다. 부모들은 피라미드 상단에 올라서라며 등을 떠밀었고, 친구들과의 경쟁에서 밀릴 수 없다는 생각에 밤낮을 가리지 않고 기를 쓰며 달렸다. 마치 트리나 플러스의 동화책인 《꽃들에게 희망을》에서 애벌레기둥을 기를 쓰고 오르는 애벌레들처럼.

결과는 세월이 흐르자, SNS를 통해 모습을 드러내기 시작했다. 승자는 소수였고, 다수는 원하는 자리에 올라서지 못했다.

세월은 흘렀지만 그렇다고 경쟁이 완전히 끝난 것은 아니었다. 성공한 소수는 여전히 마음속 경쟁자로 남아 있어서 내가 패배자임을 수시로 확인시켰다.

똑같이 출발했는데 다들 앞서가고 혼자만 남게 되면 외로울 수밖에 없다. 물론 현실을 냉정하게 바라보면 옆에도, 뒤에도 수많은 사람이 있다. 문제는, 그들은 일절 보이지 않고 피라미드 상단에 서 있는 사람들만 또렷하게 보인다는 데 있다.

미래학자들은 AI나 로봇이 인간을 대체해서 수많은 일자리가 사라지고, 새로운 영역에서 새로운 일자리가 생길 것으로 전망한다. 현재의 삶도 경쟁이 치열한데 일자리마저 위협받고 있는 실정이다.

그렇다면 우리는 어떻게 해야만 이 위기를 슬기롭게 넘길 수 있을까?

미래의 사회에서 승자가 되려면 어떤 식으로든 준비하고 변신해야 하는 것만은 분명하다. 그러나 관련 서적을 읽어도 실천은 쉽지 않다.

사람은 저마다 처한 상황이 다르다. 같은 공간에서 살고 있는 가족이라 하더라도 개별적으로 놓고 보면 각기 다른 세상이다. 세계 인구가 80억이라면 80억 개의 세상이 존재하는 셈이다. 따라서 세계적인 석학이라도 모두가 만족할 만한 대안을 제시하는 것은 불가능하다.

나만의 세상에서 벌어지는 모든 일을 명확하게 알고 있는 사람은 나뿐이다. 물론 지혜롭고 현명한 사람의 조언이나 충고는 도움이 되지만 인생 전반에 걸쳐서 벌어지는 모든 문제를 해결

해줄 수는 없다. 상황은 시시각각 변하기 때문이다.

변화에 슬기롭게 대처하기 위해서는 내가 지금 어디에 서 있고, 어디로 흘러가고 있는지를 알아야 한다. 아무리 훌륭한 책을 읽고, 감명 깊은 강연을 듣고, 멋진 세미나에 참석한다고 해도 그것들을 뇌에서 융합하지 못하면 한낱 주워들은 타인의 지식일 뿐이다.

새로운 지식과 기존의 지식을 융합하는 데는 각성이 필요하다. 각성은 혼자 있는 시간, 즉 고독 속에서만 가능하다.

기억하라, 당신이 외롭다고 느끼는 시간이야말로 당신이 진짜 혼자 있어야 할 때이다. 이것이 인생의 가장 잔혹한 아이러니다.

_더글라스 코플랜드

나 자신이 무능한 존재라는 생각이 들어서 외롭다면 나의 장단점을 파악한 뒤, 혼자 있는 시간에 미래를 준비해야 한다.

토니 로빈스가 넬슨 만델라에게 감옥에서 그 긴 세월을 어떻게 견뎌냈느냐고 묻자, 그는 이렇게 대답했다.

"난 견뎌낸 게 아니라 준비하고 있었던 거요."

견뎌내는 일은 외로운 사람이 하는 것이고, 준비하는 일은 고독한 사람이 하는 것이다. 넬슨 만델라의 수감생활은 크로노스의 시간이 아닌 카이로스의 시간이었다.

　나 자신이 무능하게 느껴져서, 미래가 불안하고 삶이 외롭다면 고독 속에서 길을 찾아야 한다. 길에서 길을 잃었을지라도, 새로운 길을 찾기 시작하면 외로움은 사라진다.

실패에 대한 인식의 전환

"내가 말할 수 있는 건, 이 세상에 운명이라는 것은 없으며 세상에서 일어나는 일은 좋은 것이든 나쁜 것이든 결코 우연히 생기는 것이 아니라 하늘의 특별한 섭리에 의한 것이라는 걸세. 그래서 각자가 자기 운명의 창조자라는 말도 있지."

_미겔 데 세르반테스,《돈키호테》(열린책들) 중에서

소설은 허구임에도 자신이 쓴 소설과 비슷한 삶을 살다 간 작가도 적지 않다. 자전적 소설인 경우에는 더욱 그렇다.

대표적인 작가가《인간 실격》의 다자이 오사무이다. 이 작품은 제2차 세계대전에서 패망한 일본이 미군의 통치를 받던 1948년 5월에 발표되었다. 작가는 소설이 발표된 지 한 달 뒤,

다섯 번째 시도 끝에 마침내 자살에 성공하였다. 그의 나이 서른아홉 살이었다.

소설의 첫 문장은 이렇게 시작된다.

'부끄럼 많은 생애를 보냈습니다. 저는 인간의 삶이라는 것을 도무지 이해할 수 없습니다.'

저자의 섬세하면서도 자학적인 심리와 제2차 세계대전에서 패망한 후 공황 상태에 빠진 일본인들의 심리가 잘 맞아떨어지면서 발표되자마자 큰 화제를 불러일으켰다.

염세적인 내용이고, 세월이 흘러 세상이 바뀌었음에도 이 소설은 여전히 잘 팔리고 있다. 그 이유는 아마도 실격자가 되어가는 주인공과 사회에 적응하고자 애써보지만 결국 소외되는 현대인의 자화상이 닮았기 때문이리라.

현대인은 상당수가 사회적 성공 여부와 상관없이, 자기 삶에 대해서 실패했다는 인식을 지니고 있다. 주인공 요조는 그 정도가 심하다. 별다른 반항도 하지 않고 자신의 실패를 순순히 받아들이며, 스스로 실격 인간임을 인정한다.

인생을 살아가면서 실패를 겪어보지 않은 사람이 과연 얼마나 되겠는가. 새로운 도전에는 실패에 대한 두려움이 도사리고 있다. 더 나은 삶을 꿈꾸는 한, 인간은 결코 실패에서 벗어날 수 없다.

《돈키호테》의 저자인 미겔 데 세르반테스 역시 실패로 점철

된 인생을 살았다. 그러나 그는 다자이 오사무와는 달리 실패에 굴복하지 않았다.

1547년 몰락한 하급 귀족 가문의 일곱 형제 중 넷째로 태어났다. 집안이 가난해서 제대로 된 교육을 받지 못했다.

스물두 살 때는 레판토 해전에 참가했다가 왼손을 잃어서 '레판토의 외팔이'라는 별명으로 불렸다. 그러다 스페인으로 귀국 도중 해적들에게 습격당해 알제리에서 5년 동안 노예생활을 했다. 견디다 못해서 네 번이나 탈옥을 시도했지만 모두 실패했다. 결국 수도회의 도움을 받아서 몸값을 지급하고 나서야 풀려날 수 있었다.

마드리드로 돌아와 겨우 생계를 꾸려나가던 그는 소설을 비롯해 30여 편의 희곡을 썼지만, 성공을 거두지 못했다. 1602년에는 누명을 쓰고 옥에 갇히기까지 했다.

"나에 대해 말할 것 같으면, 나는 편력 기사가 되고 나서부터 용감하고 정중하고 자유롭고 교양 있고 관대하고 대담하고 온유하고 참을성 있으며 고난도 감금도 마법도 견뎌내는 사람이 되었소."

그의 삶은 실패로 점철됐지만 실패에 굴복하지 않았다. 쓰러져도 오뚝이처럼 일어나는 그의 도전 정신은 작품 속 주인공 돈키호테를 통해 잘 드러나 있다.

어니스트 헤밍웨이는 《노인과 바다》에서 성공과 실패라는 이 분법에 빠져 있는 우리에게 새로운 시각을 제시한다.

84일 동안 물고기를 잡지 못한 산티아고는 85일째 되는 날, 거대한 물고기가 수심 깊은 곳에서 미끼를 물었다는 사실을 알게 된다. 사흘 밤낮 동안의 고독한 사투 끝에 마침내 배보다 2피트나 길이가 긴, 거대한 청새치를 잡는 데 성공한다.

혼자 힘으로는 배에다 실을 수 없어서 뱃전에다 밧줄로 물고기를 묶는다. 그러나 기쁨도 잠시, 피 냄새를 맡은 상어들이 차례대로 다가오고, 노인은 남은 기운을 짜내서 물고기를 지키기 위해서 싸운다. 하지만 결국 물고기의 뼈만 남게 된다.

지친 몸을 이끌고 뭍으로 돌아온 노인은 돛대만 어깨에 멘 채 집으로 돌아간다. 잠에 곯아떨어진 사이, 어부들은 거대한 머리와 꼬리만 남긴 채 하얀 등뼈가 드러나 있는 물고기의 크기를 재며 감탄한다.

그렇다면 노인은 물고기를 잡는 데 성공한 것일까, 실패한 것일까?

산티아고는 물고기를 잡아서 돈을 벌고자 했다. 사흘 동안의 사투에도 쓸모없는 머리와 꼬리, 그리고 앙상한 등뼈만 남았으니 결국 실패한 셈이다.

그럼에도 작품을 읽고 나면 실패했다는 생각은 들지 않는다. 인생이라는 측면에서 본다면 그는 멋진 경험을 했고, 그 나름대로 충분한 가치가 있다. 노인의 불굴 정신과 경험은 훌륭한 유산이 되어서 소년 마놀린에게 고스란히 전수되지 않겠는가.

헤밍웨이는 도전과 실패에 대해 노인의 입을 통해서 이렇게 말한다.

"하지만 인간은 패배하도록 창조된 게 아니야. 인간은 파멸당할 수는 있을지 몰라도 패배할 수는 없어."

동대문에서 커튼 가게를 하던 B는 인터넷 쇼핑몰 시장이 매년 성장하고 있다는 기사를 접하고, 온라인 쇼핑몰을 열었다.

국내에서 디자인한 제품을 중국에서 대량으로 생산해서 판매했는데 수익이 괜찮았다. 예상보다 장사가 잘되자, 오프라인 위주의 사업에서 온라인 위주의 사업으로 전환했다.

인터넷 쇼핑몰이 잘되자 경쟁업체가 하나둘 생겨났다. 그러던 중 한 업체에서 가격을 대폭 낮춰서, '쇼핑몰 오픈 기념 세일'이라는 명목하에 대규모 물량을 시장에 뿌리기 시작했다. 인건비와 물류비를 감안하면 원가도 안 되는 터무니없는 가격이었다.

조만간 세일이 끝나리라 예상하며 한동안 지켜보았다. 그러나 기간이 예상보다 길어지자, 재고가 쌓이기 시작했다. 그는 울며 겨자 먹기로 갖고 있던 물량을 헐값에 처분했다.

자본을 앞세운 공격적인 마케팅이 한동안 계속되었다. 그는 커튼 사업을 접고, 선택의 폭이 넓고 다양한 의류업계로 진출

했다.

의류 인터넷 쇼핑몰 시장은 경쟁이 치열한 레드오션이었다. 디자인에 공을 들인 제품이 모처럼 팔린다 싶으면 곧바로 비슷한 제품이 저가에 쏟아졌다. 3년을 버티던 그는 결국 돌이킬 수 없는 손실을 보고 사업을 접었다.

의욕에 차서 시작했던 온라인 쇼핑몰 사업이 실패로 돌아가자 울적했다. 인생의 패배자가 된 것만 같은 기분이어서 친구는 물론이고, 가족조차 피해 다녔다.

외로운 날들이 계속되면서 문득문득, 피곤한 줄도 모르고 의욕에 넘쳐서 뛰어다녔던 지난날들이 떠올랐다. 마음 같아서는 다시 사업을 시작하고 싶지만, 같은 전철을 밟을까 봐 용기가 나지 않았다.

"선배님, 제가 다시 재기할 수 있을까요?"

술기운에 젖어서 나를 바라보는 그의 눈동자에는 슬픔이 가득했다.

실패를 해석하고 받아들이는 데는 여러 방법이 있다. 그러나 한 가지 분명한 것은 실패를 가혹한 나의 운명으로 받아들여서는 안 된다는 것이다.

운명에 저항하지 않고 순응하게 되면 비극의 주인공이 되고, 주인공에 걸맞은 더 큰 비극을 맞이하게 된다.

옥스퍼드브룩스대학교의 종교철학 교수 베벌리 클락은 《실패에 대하여》에서 실패 경험을 어떻게 내 삶으로 끌어올 것인가에 관한 다양한 탐색을 한다.

'우리가 사회적 동물이고 공동체가 필요하다는 사실을 진지하게 받아들인다면, 실패와 상실을 다루는 방법도 달라질 것이다. 실패는 승자와 패자를 나누는 경험이 아니라, 오히려 어떻게든 함께 공유하는 경험이 될 것이다. 서로 필요하다는 사실을 인지하면 잘 사는 법에 대해 각자 다른 이론을 가지는 수준을 넘어서서, 함께 나아가기 위해서 무엇이 필요한지 생각하는 대안에 도달할 수 있다. 우리는 실패할 수 있다. 그럼에도 여전히 잘 살아낼 수 있다.'

실패는 삶의 의욕을 꺾고, 가슴이 텅 빈 것만 같은 짙은 외로움을 안겨준다. 외로움을 고독으로 바꾸고 싶다면 실패에 대한 인식 자체를 전환해야 한다.

삶은 불확실하므로 도전에는 항상 실패라는 위험 부담이 따른다. 실패가 두려워서 아무것도 하지 않는다면 삶은 개선되지 않는다.

성공이란 열정을 잃지 않고 실패를 거듭할 수 있는 능력이다.

_윈스턴 처칠

161

인생을 성공으로 이끌기 위해서는 도전을 멈추지 말아야 하고, 실패하더라도 실패에 발목이 잡혀서는 안 된다.

인간이라면 누구나 실패를 경험한다. 그 실패를 어떻게 인식하고 받아들이느냐는 오로지 당신의 선택에 달려 있다.

크로노스의 시간을 카이로스의 시간으로 전환한 뒤 사색 속에서 실패에 대한 인식 전환에 성공한다면, 내가 서 있는 이 길이 끝이 아닌 또 다른 출발점이라는 사실을 발견하게 된다.

마음 감옥에 갇힌 사람들

인간에게서 모든 것을 빼앗아갈 수 있어도 단 한 가지, 마지막 남은 인간의 자유, 주어진 환경에서 자신의 태도를 결정하고 자기 자신의 길을 선택할 수 있는 자유만은 빼앗아갈 수 없다.

_에디트 에바 에거, 《마음 감옥에서 탈출했습니다》(위즈덤하우스) 중에서

에디트 에바 에거는 죽음의 수용소인 아우슈비츠에서 살아남은 생존자 중 한 명이다. 발레리나를 꿈꾸던 열여섯 살의 소녀는 부모를 죽인 나치 장교 앞에서 살아남기 위해서 춤을 춰야만 했고, 끝까지 살아남았다.

마음 감옥에 갇혀 살던 그녀는《죽음의 수용소에서》저자인

빅터 프랭클 박사와의 만남을 계기로 소명 의식에 눈을 떴고, 현재는 아흔한 살 나이임에도 임상 심리치료사로 활동하고 있다.

독일의 회곡작가 베르톨트 브레히트의 시 '살아남은 자의 슬픔'이라는 작품이 있다.

> 물론 나는 알고 있다.
> 오직 운이 좋았던 덕택에 나는 그 많은 친구들보다 오래 살아남았다.
> 그러나 지난밤 꿈속에서 이 친구들이 나에 대하여 이야기하는 소리가 들려왔다.
> "강한 자는 살아남는다."
> 그러자 나는 자신이 미워졌다.

1980년대를 살았던 한국의 청년들은 브레히트의 시를 좋아했다. 브레히트는 제1차 세계대전과 제2차 세계대전을 겪었다. 우리는 5 · 18 광주민주화운동을 겪었다.

불행한 시절은 지나갔다. 그러나 브레히트처럼 마음의 빚은 남아 있어서 그중 몇몇은 민주화운동을 하다가 스스로 분신이나 자살 등으로 목숨을 끊었다. 그들의 죽음은 살아남은 자의 슬픔을 깊게 했다.

1992년에 오늘의 작가상을 받은 박일문의 작품《살아남은 자의 슬픔》은 이러한 감정의 연장선상에 놓여 있었다. 마음의 빚을 지고 있던 사람들이 앞다투어 구매하면서 단숨에 베스트셀러가 되었고, 그 이듬해에는 16부작 드라마로 방영되기에 이르렀다.

세월이 흐르면 단단했던 바위도 조금씩 깎여가듯이, 마음의 빚 또한 감소하게 마련이다. 하지만 폭력에 대한 저항 정신만은 쉽게 수그러들지 않는다. 세월이 흐르자, 예술 전반에 걸쳐서 모습을 드러냈다.

5·18 광주민주화운동을 다룬 영화로는 〈오! 꿈의 나라〉, 〈꽃잎〉, 〈박하사탕〉, 〈화려한 휴가〉, 〈택시운전사〉 등이 있는데, 개인적으로 1996년 작품인 장선우 감독의 영화 〈꽃잎〉이 인상적이었다. 외상 후 스트레스 장애를 앓고 있는 소녀를 통해서 광주의 참상을 엿볼 수 있었다.

소설로도 수많은 작품이 발표되었는데 임철우의 《봄날》, 박혜강의 《꽃잎처럼》, 한강의 《소년이 온다》 등이 기억에 남는다.

전쟁이나 학살 같은 참혹한 역사로 말미암아 마음의 감옥에 갇히기도 하지만, 가족사로 말미암아 마음에 갇힌 이도 적지 않다.

D를 만난 것은 《걱정이 많아서 걱정인 당신에게》를 출간하고 반년쯤 지나서였다. 그녀는 만나자마자 자신의 가족사를 털어놓았다.

아버지는 월남전 참전용사였다. 귀국한 아버지는 밤낮없이 술만 마셔댔다. 어머니가 닥치는 대로 일을 해서 생계를 꾸려나 갔다. 아버지의 술주정은 가정 폭력으로 이어졌고, 그녀가 여덟 살 되던 해에 어머니는 아침에 장사를 나갔다가 영영 돌아오지 않았다.

생계가 막막해지자 아버지도 동네 사람들을 따라 막일을 나가기 시작했다. 그러나 일이 끝나면 일당의 대부분을 술값으로 날렸다. 등록금은 밀렸고, 쌀독도 수시로 바닥을 드러냈다.

그녀가 열여섯 살이 되던 해 여름이었다. 아버지는 그녀와 두살 위인 오빠를 불러다 앞에 앉혔다.

"네가 오빠를 위해서 희생해야겠다. 일자리를 구해놨으니, 내일부터 학교 대신 그리로 출근해라. 너는 정신 바짝 차려서 열심히 공부하고."

그녀는 억울하고 분했다. 4개월만 더 다니면 중학교를 졸업할 수 있었다. 거기다가 공부도 오빠보다 훨씬 잘했다. 하고 싶은 말은 많았지만, 월남전 영웅인 아버지의 뜻을 거역할 용기는 없었다.

집안 살림을 하면서 카세트 라디오 공장을 다녔다. 야근도 잦았고, 특근도 잦았다. 고단한 날들이었다. 세월은 흘러가지 않고 멈춰 있는 것 같은데, 어느 날 돌아보니 10년이 훌쩍 지나가 있었다.

돈은 그녀가 벌어왔는데 언제나 뒷전이었고, 아버지의 사랑은 오빠가 독차지했다. 헌칠하고 듬직한 오빠는 아버지의 자랑이었다. 오빠가 서울의 중위권 대학에 붙었을 때도, 대기업에 입사했을 때도 동네 사람들에게 술을 사주면서 침이 마르도록 오빠 칭찬을 늘어놓았다.

오빠는 스물여덟 살에 결혼했다. 그러나 그녀는 아버지 반대로 몇 번의 기회를 놓친 뒤 서른다섯 살이 되어서야 결혼할 수 있었다.

결혼식은 신랑의 집 안마당에서 전통 혼례 방식으로 치러졌다. 조촐하다 못해 초라했다. 그래도 그녀는 아버지의 품에서 벗어날 수 있다는 사실만으로도 충분히 기뻤다.

재개발 붐이 일더니 아버지가 살던 동네도 재개발에 들어갔다. 아버지는 우여곡절 끝에 32평 아파트를 분양받았다.

그녀의 남편은 트럭을 몰고 전국의 행사장을 찾아다니며 옷 장사를 했다. 근본이 착하고 성실한 사람인 데다 항상 웃는 얼굴이어서 모두 좋아했다.

그러나 그녀의 행복은 오래가지 못했다. 남편은 낡은 여관에서 잠을 자다가 화재가 발생해 참변을 당했다. 여섯 살, 네 살짜리 어린 두 딸만 남겨놓은 채.

다시 그녀는 생활 전선으로 나서야 했다. 온갖 허드렛일을 하며 아이들을 키웠다. 아이들이 자신처럼 돈이 없어서 학업을 포기하는 일만은 제발 없기를 바라며.

그러던 어느 날, 아버지가 불렀다. 팔순을 눈앞에 둔 아버지가 불쑥 종이를 내밀며 서명하라고 했다. 뭔가 보았더니 상속 포기각서였다. 유산이라고는 덜렁 한 채 남아 있는 아파트를 고스란히 오빠에게 넘겨주겠다는 심보였다.

순간, 기가 막혔다. 오빠는 대기업 부장이었고, 자기 명의로 된 아파트도 있었다. 반면 자신은 반지하에서 월세를 낀 전세를 살고 있었다. 또한 오빠의 아이들은 다 자랐지만, 자신의 아이들은 이제 큰 애가 대학 진학을 눈앞에 두고 있었다.

살아온 날들이 주마등처럼 흘러갔고, 서러움에 눈물이 펑펑 쏟아졌다. 그녀는 말없이 아파트를 나섰다. 눈앞이 어질어질했고, 세상이 빙글빙글 돌았다. 감당하기 어려운 피로가 몰려와서 집에 오자마자 드러누웠다.

아무리 생각해도 아버지를 용서할 수 없었다. 살아온 날들을 생각하면 생각할수록 분했다. 몸 안에 독기가 퍼지는 건지 점점 더 아팠다. 하루는 문득, 이러다가는 병이 깊어져서 죽을 수도 있겠다는 생각이 들었다. 아이들 얼굴이 떠오르자, 정신이 번쩍 들었다.

그녀는 결국 상속 포기각서에 서명했고, 아버지가 이끄는 대로 변호사 사무실까지 따라가서 공증까지 받아주었다.

그로부터 열 달쯤 지나서 아버지가 숨을 거두었다. 장례를 치르는 동안 그녀는 통곡했다. 아버지의 죽음이 애통해서가 아니라, 아버지와 함께 살아온 세월이 애통해서.

눈두덩이가 퉁퉁 부어올라서 앞이 안 보일 정도로 울고 있는데, 오빠가 다시금 상속 포기각서를 내밀었다. 아버지에게 숨겨놓은 빚이 많아서, 유산을 상속받기보다는 아예 포기하는 게 낫다고 했다.

아버지는 다른 사람에게 돈을 꿀 수 있을 정도의 융통성도 없는 사람이었다. 그런 아버지에게 숨겨놓은 빚이 있다는 말에는 의심이 들었지만 이미 한 번 써준 상속 포기각서였다. 그녀는 별다른 생각 없이 지장을 찍어주었다.

그녀가 진실을 안 것은 장례식을 치르고 1년쯤 지나서였다. 빚이 있다는 오빠의 말은 거짓말이었다. 아버지가 생존할 때 받아놓은 상속 포기각서는 법적으로 유효하지 않았다. 오빠는 그 사실을 알고 있었고, 아버지의 장례를 치르느라 경황이 없을 때를 노려서 다시금 서명을 받아놓은 것이었다.

그날 이후로 오빠와 인연을 끊었다. 아버지 제사에도 가지 않았고, 전화가 와도 일절 받지 않았다. 천애 고아인 것처럼 살아가고 있지만 매년 아버지 기일이 되면 숨쉬기 힘들 만큼 화가 치밀어 올랐다.

"선생님은 화해는 하지 않더라도, 나 자신을 위해서 용서해주라고 하셨지만 저는 그럴 수 없어요. 아버지와 오빠에 대한 미움의 끈마저 놓아버리면 저는 무슨 힘으로 이 험한 세상을 살아가겠어요?"

그녀는 어깨를 들썩이며 통곡했다. 나는 아무 말도 해줄 수 없었다. 그녀의 등을 가만가만 다독거리는 것 외에는.

나는 그녀의 가족사를 들으며 2010년 개봉작인 펑 샤오강 감독의 〈대지진〉을 떠올렸다.

〈대지진〉은 1976년 7월 28일 새벽에 일어난 리히터 규모 7.8의 당산 대지진이 배경이다. 중국 정부의 공식 발표로도 사망자가 24만 명이 넘고, 중상자만 16만 명이 넘는 대형 참사였다.

영화는 한 가족사를 중심으로 펼쳐진다. 초등학교 입학을 앞둔 이란성 쌍둥이인 팡다와 팡등은 단란한 가정에서 행복하게 살아간다.

대지진이 발생하자, 아버지는 아이들을 구하기 위해 뛰어들었다가 건물이 붕괴되는 바람에 깔려 죽는다. 아들인 팡다와 딸인 팡등은 같은 콘크리트 더미에 깔려 있다. 변변한 구조장비가 없어서 지렛대를 활용해서 구조하다 보니, 한 사람을 구하면 다른 한 사람이 깔려 죽을 수밖에 없는 상황에 놓여 있다.

어머니는 둘 다 살려달라고 애원하다가 어쩔 수 없이 결정을 내린다.

"제…… 아들을…… 살려주세요."

팡다는 구조되지만, 한쪽 팔을 잃어야 했다. 죽은 줄로만 알았던 팡등은 기적적으로 살아난다. 그러나 말을 일절 하지 않는 바람에 부모를 잃은 고아들과 함께 지내다가 군인 가족에게 입양된다.

팡다는 일찍부터 돈벌이에 뛰어든다. 팡등은 의과대학에 입학하고, 그곳에서 만난 선배의 아이를 임신하게 된다. 미래를 위해서 낙태하자는 선배의 말에 자신은 시체 더미 속에서 살아났다며 그럴 수 없다고 말한다.

세월이 흘러서 사업에 성공한 팡다는 어머니에게 집을 사주려고 한다. 그러나 어머니는 죽은 남편과 딸의 영혼에게 매번 길을 가르쳐주기도 지쳤다며 거절한다.

졸업도 포기한 채 사라져버린 팡등은 미혼모가 된다. 몇 년 만에 아이와 함께 양아버지를 찾아가고, 처음으로 그날의 상황을 털어놓으며 이렇게 말한다.

"기억나지 않는 게 아니에요. 절대 잊지 못하는 것뿐이에요."

당산 대지진이 발생한 지 32년이 지난 2008년, 사천성에서 리히터 규모 8.0의 대지진이 발생한다. 국제결혼을 해서 밴쿠버에 살고 있던 팡등은 자원봉사를 하기 위해 귀국한다. 지진 현장에서 의료 활동을 하다가 우연히 자원봉사를 나온 팡다를 만난다.

32년 만에 어머니와 재회한 팡등은 자신 대신 팡다를 선택한

171

어머니 또한 오랜 세월 마음의 감옥에 갇혀 있었음을 깨닫게 된다. 영화는 살아남은 가족들이 아버지의 묘비 앞에서 화해하는 것으로 끝이 난다.

외상 후 스트레스 장애이든, 가족에 대한 원망이든 간에 마음의 감옥에 갇히게 되면 대다수가 우울증을 앓는다. 삶이 외롭고 쓸쓸할 수밖에 없다.

세상에 절대적인 진리는 없다. 내 마음속에 원망이 가득할 때 상대방을 용서할 것이냐, 말 것이냐 하는 문제도 마찬가지다. 다수가 권하는 선택이라 할지라도 내 마음이 편하지 않다면 거부해도 괜찮다.

착한 사람들은 다수의 선택을 따르며 한평생을 살아간다. 개인적인 원망은 꼭꼭 묻어둔 채. 하지만 인생은 때로는 이기적으로 살아도 괜찮다. 어느 쪽을 선택해야 좋을지 모르겠다면 내 마음이 편한 쪽을 선택하는 것도 현명한 전략이다.

> 어리석은 자는 용서하지도 잊지도 않는다. 순진한 자는 용서하고 잊는다. 현명한 자는 용서는 하되 잊지 않는다.
>
> _토마스 사즈

역사의 한 장면이든, 개인사이든 간에 '그 일'을 용서하되 잊지 않는다면 한 걸음 더 앞으로 나아갈 수 있다. 성장 혹은 성숙해지는 계기가 된다.

감옥의 문은 밖에서 열어주게 되어 있다. 하지만 마음의 감옥 문은 안에서만 열 수 있다. 내가 열지 않으면 평생을 어두운 감옥에서 살아야 한다.

혼자 있을 때면 외로움이 점점 깊어지는 이유는 그날에 집착하고 있기 때문이다. 크로노스의 시간을 카이로스의 시간으로 바꾸고 싶다면 그날, 혹은 그 일들이 내 인생을 어떻게 망쳤는지를 파고드는 일은 당장 그만둬야 한다. 깊이 파고들수록, 확대해볼수록 마음의 감옥 문은 단단해진다.

과거의 일 때문에 견딜 수 없이 외롭거나 고통스러우면 감정을 솔직하게 털어놓을 필요가 있다. 정신과 의사를 찾아가기가 부담스러울 경우, 지인에게 털어 놓는 것도 나쁘지 않다. 마음의 문은 한 번 열기가 어렵지, 두 번째는 그리 어렵지 않다. 기분도 한결 좋아진다.

그마저도 번거롭고 내키지 않을 수도 있다. 그럴 때는 나처럼 힘들어하는 사람에게 손을 내밀어보라. 그들과 대화하고, 성심성의껏 돕다 보면 어느 순간, 마음이 문이 열리게 된다.

나에게는 마음속 감옥 문을 닫고, 어둠 속에서 가만히 웅크리고 있을 자유가 있다. 또한 나에게는 그곳에서 나와서, 따사로운 햇살을 한껏 즐길 자유도 있다.

과거에 발목을 잡혀서 외로움에 떨지 마라. 허망하게 크로노스의 시간만 흘러갈 뿐이다. 마음의 감옥에서 나와서 고독을 즐겨라. 카이로스의 시간 속으로 들어가서, 내게 주어진 남은 삶을 어떻게 살아갈 것인지에 대한 답을 찾아보라.

어떻게 살아가는 것이 진정한 복수인지 자신에게 물어보라.

죽음이 가르쳐준 것들

비탄은 수직적이고 또 빙글빙글 도는 반면, 애도는 수평적
이다. 비탄은 배 속을 뒤집어놓고, 숨을 쉬지 못하게 하고,
뇌의 혈액 공급을 차단한다. 애도는 새로운 방향으로 당신
을 몰고 간다. 그러나 이제 구름에 에워싸여 있기 때문에
당신은 꼼짝 못 하고 갇혀 있는 건지, 아니면 남몰래 움직
이고 있는 건지를 분간할 방법이 없다.

_줄리언 반스,《사랑은 그렇게 끝나지 않는다》(다산책방) 중에서

영국 작가인 줄리언 반스는 사랑하는 아내와 사별하고 5년이
지나서야 이 책을 써냈다. 이 책은 회고록인지, 소설인지, 에세
이인지 분간하기조차 애매하다. 그럼에도 읽을 가치가 있다. 아

내를 잃은 상실감을 생생하게 표현하고 있기 때문이다.

사랑하는 사람을 떠나보내고 나면 상실감에 빠진다. 비탄에 젖어서 애도하게 마련인데, 말로 표현하기 힘들 정도로 깊은 외로움을 느끼게 된다.

상실감은 상상의 영역이 아니다. 체감의 영역이다. 공감 능력이 뛰어난 사람이라 할지라도 소중한 사람을 잃어보기 전에는 그 아픔을 이해하는 데는 한계가 있다.

가브리엘 무치노 감독의 〈파더 앤 도터〉는 아버지를 잃고 살아가는 딸의 심리 상태를 실감 나게 그리고 있다.

어렸을 때 아버지를 잃은 케이티(어맨다 사이프리드)는 성인이 되어서 심리학 석사를 따고, 사회복지사로 일하며 상처받은 아이의 심리치료를 한다. 하지만 그녀는 동시에 아버지를 잃은 상실감에서 벗어나지 못하여 정신과 치료를 받는다.

케이티는 외로움을 느낄 때면 술집에서 만난 남자와 섹스한다. 몸은 열지만, 마음은 열지 못하기 때문에 일회성 만남으로 끝난다.

그러던 어느 날 여러모로 아버지를 닮은 캐머런(아런 폴)을 만나 사랑의 감정을 느낀다. 사랑이 깊어질수록 자기 파괴적인 감정이 커져가자, 그녀는 다른 남자를 불러들여 섹스하며 눈물을 흘린다. 결국 자신만을 남겨두고 떠나갈까 봐 두려워했던 캐머

런마저 떠나간다.

영화는 뒤늦게 사랑의 소중함을 깨달은 케이티가 캐머런을 찾아가고, 우여곡절 끝에 두 사람이 화해하는 것으로 끝이 난다.

소중한 사람들이 곁을 떠나가도 내 앞에 생은 남는다. 우리는 어떻게든 상실감을 극복하고 남은 삶을 살아가야만 한다.

T는 등산하다가 우연히 만난 사이다.

그녀는 교통사고로 남편과 여덟 살배기 아들을 잃었다. 초가을, 시댁에 갔다가 고속도로를 타고 귀가하는 길이었다. 남편이 운전하고 그녀가 조수석에 앉아 있었는데 피곤하다고 해서 휴게소에서 자리를 바꿨다.

뒷자리에는 아들이 자고 있었다. 휴게소에서 벗어나자, 조수석의 남편도 이내 잠이 들었다. 그녀는 쏟아지는 졸음을 몰아내기 위해서 수시로 창문을 열었다 닫곤 했다.

해 질 녘인데 자욱한 안개가 도로변을 뒤덮었다가 사라지곤 했다. 2차선을 타고 달리던 그녀는 감속 운행하기 위해서 3차선으로 바꾸었다가 빠르게 달려오는 뒤차를 발견했다. 급히 브레이크를 밟으며 오른쪽으로 핸들을 틀었는데 달려오던 트럭과 충돌했다. 차는 옆 차선으로 밀려났고, 다시 대형트럭에 부딪혀서 갓길로 튕겨나가며 전복되었다.

남편은 현장에서 죽고, 그녀와 아들은 병원 응급실로 옮겨졌

으나 아들마저 사망했다. 그녀는 얼굴과 다리 등을 다쳐서 병원에서 1년 가까이 치료를 받다가 퇴원했다. 퇴원 후에도 정신과 치료 및 재활치료를 받아야 했다. 남편과 아들이 자신 때문에 죽었다는 자책감에서 좀처럼 벗어날 수 없었다. 아니, 그 사실 자체를 인정하고 받아들일 수 없었다.

"병원에서 주는 약을 먹으면 몸에 기운이 빠져나가면서 졸음이 쏟아져요. 가수면 상태에서 남편과 아들이 거실에서 놀고 있는 게 보여요. 아들이 흥얼거리는 노랫소리도 생생하게 들려오고요."

그녀는 조현병을 앓았고, 환청과 망상 장애에 3년 넘게 시달렸다. 그러다가 점점 남편과 아들의 출현이 뜸해졌고, 마침내 무거운 침묵이 찾아왔다.

"그때는 하느님이 참 잔인하다는 생각이 들었어요. 어떻게 나만 혼자 남겨놓을 수 있죠?"

제정신이 조금씩 돌아오면서부터 지독한 외로움이 시작됐다. 그녀는 지인들을 만나고 다녔지만 외로움은 조금도 옅어지지 않았다. 집에 오면 깊은 정적을 견딜 수 없어서 술을 마셨고, 눈물을 흘리며 잠이 들었다.

보다 못한 친구가 그녀를 산으로 잡아끌었다. 숨을 헐떡이며 정상에 오르고, 능선을 따라서 걷다 보니 집에서 우두커니 혼자 앉아 있는 것보다 마음이 가벼웠다.

그녀는 이틀이 멀다고 북한산에 올랐다. 친구가 못 간다고 하면 혼자서라도 갔다. 이런저런 생각을 하며 산길을 걷다 보니, 하느님이 자신을 이 세상에 남겨놓은 의도를 어렴풋이나마 알 것 같은 기분마저 들었다.

북한산에서부터 시작해서 서울 인근의 산을 모두 타고 나니, 다른 산도 가보고 싶었다. 그녀는 운전대를 잡을 엄두가 나지 않아서, 안내산악회 버스를 타고 전국에 흩어져 있는 100개의 산에 올랐다.

그렇게 하고 나자 비로소 살아야겠다는 생각이 들었다. 그러던 중 친구가 함께 분식집을 해보자고 제안했고, 그녀는 흔쾌히 수락했다.

"상실감이 완전히 사라진 건 아니에요. 하지만 어쩌겠어요? 어쨌든 난 살아남았고, 어떻게든 남은 인생을 살아야죠. 산길을 걸으면서 이런 생각을 참 많이 했어요. 훗날 천국에서 만난 남편과 아들이 그동안 어떻게 살았느냐고 물으면 뭐라고 대답하지? 그날이 오면 이렇게 대답하려고요. 미치도록 그리웠고, 그 그리움만큼 열심히 살았노라고."

분식집은 일요일에는 문을 닫는다. 일요일 아침이 되면 그녀는 습관처럼 배낭을 챙겨서 집을 나선다. 고독 속에서 산길을 걷기 위함이다.

내가 죽음을 처음 실감한 것은 고등학교를 졸업하고 전국을 떠돌아다니던 스무 살 때였다.

물이 얼어버리는 겨울이 되면 할 수 있는 노동일이 많지 않다. 여관에서 빈둥거리다가 우연히 설비업자를 만났고, 그 사람을 따라다니며 일을 했다.

골조만 세워놓은 체육관에서 일할 때였다. 나는 소화전 설치 작업을 하고 있었는데, 허공에 설치해놓은 가교 위에서 파이프 작업을 하던 사람이 콘크리트 벽에 구멍을 낼 때 쓰는 드릴을 갖다달라고 했다.

드릴을 챙겨서 가교로 올라가려는데 갑자기 요의가 느껴졌다. 나는 들고 있던 드릴을 함께 작업하던 사람에게 건네주었다.

"박 형, 이것 좀 갖다줘요. 오줌보가 터질 것 같아."

나는 드릴을 건네주고 밖으로 뛰쳐나갔다.

공사장 한쪽에서 소변을 보고 다시 체육관으로 들어서는데 쿵, 하는 소리가 났다. 가교를 연결했던 삼선 각목이 부러지면서 나를 대신하여 드릴을 갖다주러 갔던 사람이 콘크리트 바닥으로 떨어진 것이었다. 서둘러 병원으로 옮겼고 작업은 중단되었다.

현장 식당에서 동료들과 함께 술을 마시고 있는데 사망 소식이 들려왔다. 순간, 온몸에 소름이 쫙 돋았다.

'이건 뭐지? 박 형이 나 대신 죽은 거야? 아니면 원래 박 형이

죽을 운명이었나?'

그날 죽음에 대해서 많은 생각을 했다. 당시 내가 내린 결론은 세 가지였다.

첫째, 죽음은 전혀 예상하지 못한 순간에 찾아오기도 한다.

둘째, 불시에 찾아오는 죽음은 나이나 건강 상태를 고려하지 않는다.

셋째, 우연이 개입하면 죽는 사람이 바뀔 수도 있다.

그날 밤, 술에 제법 취한 상태였지만 쉽게 잠들 수 없었다. 압도적인 힘으로 나를 짓누르는 죽음과 생경하게 느껴지는 삶 사이에 끼어서 존재의 불안을 느끼며 밤새 뒤척였다.

'칠성판에 누워 있다면 어떤 기분일까?'

나는 최대한의 상상력을 발휘했다. 영안실 캐비닛에 누워 있을 박 형을 대신해서 그 자리에 누웠다. 그러나 유감스럽게도 아무런 감정도 느낄 수 없었다. 뒤늦게 죽은 자는 감정이 없다는 사실을 깨달았다.

그래서 내가 죽었을 때 가족과 친구들이 느낄 슬픔, 장례식 풍경, 내가 죽은 뒤에도 아무런 일도 없었다는 듯이 돌아갈 무정한 세상 등등을 상상했다. 뒤척거리다 보니 부윰한 여명이 쪽창에 비쳤다. 한순간, 감당하기 어려운 피로와 함께 졸음이 쏟아졌다.

이런 말을 하기는 부끄럽지만 나는 슬픔이 뒤섞인 묘한 안도

감 속에서 잠에 스르륵 빠져들었다. 그 감정은 살아남은 자만이 느낄 수 있는 것이었다.

죽음은 늘 앞에서 서성인다. 살아 있는 자는 그 누구도 죽음의 문제에서 벗어날 수 없다.

신의 입장에서 본다면 우리는 선물 가게에 놓여 있는 물건 같은 것일 수도 있다. 죽는다는 건 그 자리에서 영원히 사라진다는 것이다. 신은 그 자리에 다른 물건을 채워놓을 수 있지만 우리의 입장에서 본다면 대체 불가능한 것이다. 가까운 지인의 죽음도 그렇고, 나의 죽음일 경우에는 더욱 그렇다.

죽음은 상실감을 안겨준다. 친밀했던 사람의 죽음일수록 상실감도 크다. 한없이 외롭고 무기력해지지만 어떻게든 남은 인생을 살아가야 한다.

혼자 있는 시간을 견디기 힘들 정도로 외롭다면 몸을 움직여라. 일단 불행의 아가리에서 벗어나야 한다. 그 자리에 가만히 있으면 불행의 먹이가 될 뿐이다.

몸을 움직여야 머릿속도 환기가 된다. 운동을 하든, 청소하든, 문화생활을 즐기든, 여행을 가든, 해보고 싶었던 일에 전념하든 간에 몸을 움직이다 보면 지금 상황을 객관적인 눈으로 바라볼 수 있게 된다.

우울한 감정이 무뎌지고 외로움이 다소 가셨다면, 고독 속에 침잠해서 삶의 의미에 대해서 생각해볼 필요가 있다.

> 이 세상에서 가장 중요한 것은 우리가 어디에 서 있는가 하
> 는 문제가 아니라, 우리가 어디로 가고 있는가 하는 문제다.
>
> _올리버 웬델 홈즈

어느 날, 나는 문득 명상하다가 보았다. 삶은 죽음을 향해 한
걸음씩 다가가고 있었다. 죽음은 다가오는 삶을 향해 물었다.

"남은 인생을 어떻게 살아갈 건가요?"

CHAPTER 4

혼자 있는 시간으로
삶의 무기 만들기

재능은 고독 속에서 잘 발달하고 인격은 세파 속에서 형성된다.

_요한 볼프강 폰 괴테

내가 살아가는 이유 찾기

"당신이 인생에 대해 어떻게 말했는지 기억나지 않아요? 인생은 미지의 것에 대한 도전이며, 언덕 위에 있다는 것은 알지만 보이지는 않는 어떤 성을 차지하기 위해 힘겹게 언덕 위를 오르는 것과 같다고 말했잖아요."

앤드류는 심기가 불편한 듯 중얼거렸다.

"그때야 내가 어렸지. 아무것도 몰랐고. 그런 건 단지 낭만적인 소리일 뿐이야. 주위를 둘러보면 남들도 이렇게 살아. 어떻게든 한 푼이라도 벌려고 하지! 그것이 인생의 유일한 목적이야."

_A. J. 크로닌, 《성채》(민음사) 중에서

전직 의사 출신인 저자의 자전적 소설이기도 한 이 작품은 1937년에 출간되었다. 주인공 앤드류와 아내인 크리스틴이 주말에 야외로 소풍을 나와서 입씨름을 하는 이 장면은 작품의 주제를 선명하게 보여준다.

소설의 제목인 성채는 '이상'이나 '꿈'으로도 해석할 수 있고, 소명 의식인 일종의 '사명감'으로 해석할 수도 있다.

학자금 대출을 받아서 어렵사리 의대를 졸업한 앤드류는 의사로서의 사명감을 갖고, 광산촌에서 병들어 누운 개원의의 보조 의사로 일을 시작한다. 경험이 미천한 그는 오진을 내리기도 하지만 잘못된 관행 앞에서도 과학적인 방법으로 환자를 치료하고자 노력한다.

이웃 마을 의사인 데니로부터 장티푸스 환자 발생의 근원지가 하수도인데 보건소에서 방치하고 있으니 폭파하자는 계획을 듣고 기겁하지만, 결국 비 오는 날 데니와 함께 다이너마이트로 낡은 하수도를 폭파한다.

그러나 세월이 흐르면서 현실에 부딪히다 보니 의사로서의 소명 의식은 조금씩 꺾이게 되고, 결국 런던에서 개원한다. 처음에는 온갖 어려움을 겪지만, 그는 점점 성공한 의사로 변신해 간다. 다른 의사들처럼 병이 없는 사람에게도 아무 약이나 처방해주고, 효과 없는 주사를 놓아주며 돈을 챙긴다.

브레이크가 고장 난 자동차를 탄 듯 돈과 성공을 향해 무섭게

질주하던 앤드류. 그는 자신의 친구인 외과 의사에게 수술을 맡겼는데, 그의 실수로 충분히 살릴 수 있는 환자가 의료 사고로 사망한다. 비로소 앤드류는 자신이 잘못된 길에 서 있다는 사실을 깨닫게 된다.

초심으로 돌아가겠다고 고백하자 크리스틴은 뛸 듯이 기뻐한다. 그러나 그녀는 남편이 좋아하는 치즈를 사러 갔다가 돌아오는 길에 교통사고로 사망한다.

1930년대 영국의 부조리한 의료 현실을 적나라하게 보여주는 이 소설은 의술, 돈, 명예, 양심, 사랑, 행복, 사명감 등등에 대해서 많은 것을 생각하게 한다.

롤랑 조페 감독의 1986년 작품 〈미션〉은 그해 칸영화제에서 황금종려상을 받았고, 그 이듬해에는 골든글러브 음악상·각본상 등을 수상한 명작이다.

시대적 배경은 18세기 중반이고, 공간적 배경은 파라과이와 브라질의 경계 지역이다.

1750년 1월에 스페인과 포르투갈 사이에 체결된 마드리드 조약에 의해서 국경이 개편된다. 스페인 영토에 속해 있던 원주민 마을이 포르투갈 영토에 포함되면서, 원주민 선교마을이 해체될 위기에 처한다.

교황청에서는 스페인과 포르투갈의 영토 갈등을 원만하게

조정하고 교황의 권위를 지키기 위해서 알타미라노 추기경을 특사로 보낸다. 영화는 추기경의 내레이션과 함께 교황에게 보내는 편지를 여비서에게 받아쓰게 하는 장면에서부터 시작된다.

과라니족을 선교하러 갔던 줄리안 신부는 원주민들의 손에 의해 십자가에 묶인 채 파라나강에 버려진다. 가브리엘(제레미 아이언스) 신부와 필딩(리암 니슨) 신부는 이를 발견하고, 돌무더기를 쌓아 장례를 치러준다.

가브리엘 신부는 쪽배를 타고 노를 저어 강을 거슬러 오른 뒤, 맨발로 이구아수폭포의 절벽을 기어 올라간다. 원주민의 숲에 들어선 가브리엘은 목관악기인 오보에를 꺼내서 연주한다. 창과 활로 무장한 원주민들은 가브리엘 신부의 연주를 듣고 동화되어, 하느님의 말씀을 받아들인다.

'가브리엘의 오보에'라 명명된 이 곡은 영화를 감명 깊게 본 사라 브라이트만이 영화음악의 대가로서 〈미션〉의 OST를 맡았던 엔니오 모리꼬네에게 편지를 보내서, 가사를 붙여서 노래로 부를 수 있도록 허락해달라고 간청했다. 처음에는 단호하게 거절했던 엔니오 모리꼬네도 두 달마다 계속되는 그녀의 간청에 못 이겨 허락했고, 그래서 탄생한 곡이 바로 '넬라 판타지아'다.

용병이자 노예상인 로드리고 멘도자(로버트 드니로)는 숲에서 과라니족을 잡아 와서 판다. 그러던 어느 날 아내가 로드리고에게 동생을 사랑한다고 고백한다. 동생을 죽일 거냐고 묻자 그런 일은 없을 거라고 대답했지만 막상 불륜 현장을 목격하자 분노한다.

결국 다른 사람에게 시비를 걸었다가 만류하려 했던 동생과 결투를 벌이게 되고, 칼로 사랑했던 동생을 찔러 죽이고 만다. 수도원에 들어가서 6개월째 식음을 전폐하다시피 하며 참회하고 있던 로드리고 앞에 가브리엘 신부가 나타난다.

로드리고는 진정한 참회를 위해서 자신이 사용했던 갑옷과 무기 등을 그물에 싸서, 그것들을 허리춤에 매단 채 가브리엘 신부, 필딩 신부와 함께 과라니족을 찾아간다. 무게 때문에 절벽을 제대로 오르지 못하자 필딩 신부는 칼로 밧줄을 끊어버린다. 그러자 로드리고는 강물 속에 잠겨 있는 갑옷과 무기가 담긴 그물 보따리를 다시 몸에 연결한 뒤 절벽을 오른다.

무거운 그물 보따리를 끌고 강을 거슬러 오르는 로드리고의 모습은 마치 십자가를 메고 골고다 언덕을 오르는 예수를 연상시킨다.

원주민들은 노예상이었던 로드리고를 발견하자 목에 칼을 들이대지만 참회하러 온 사실을 알고는 그물 보따리를 끊어서 강물에 던져버린다. 죄를 용서받은 로드리고는 오열하는데, 이 장면에서 다시 '가브리엘의 오보에'가 흐른다. 영화가 끝날 때까지 몇 차례 흘러나오지만, 개인적으로는 이때 들었던 음악이 가장 감명 깊었다.

성당을 짓고, 원주민들과 어울려 함께 생활하고, 성경 공부를 하던 로드리고는 다른 신부들이 만장일치로 찬성하면서 원주민들의 축하 속에서 예수회 신부로 임명된다.

과라니족의 새로운 지배자가 된 포르투갈 관리들은, 원주민은 사람이 아닌 숲에 사는 미개한 짐승이라고 주장한다. 그리고 가브리엘 선교사는, 원주민은 영적인 존재라고 주장한다.

추기경은 가브리엘 신부의 안내를 받아 '산 미겔' 선교마을을 돌아본 뒤 예수회 선교 사업이 초기 그리스도의 교리를 따라, 공동체 이념을 실현했음을 깨닫는다. 포르투갈 관리에게 선교마을의 양도 시기를 늦춰주길 요구하나 실패로 돌아간다. 가브리엘 신부는 쉽사리 결정을 못 내리는 추기경을 숲속에 있는 '산 카를로스' 선교마을로 데려간다.

추기경은 선교 사업이 성공적으로 이루어졌음을 인정하면서도 결국 '순명'을 내세워 원주민들에게 선교마을을 떠나 정글로 돌아가라고 말한다. 그러나 족장은 그것은 하느님의 말씀이 아니라 포르투갈 국왕의 명령이므로 따르지 않고 끝까지 투쟁하겠다는 의지를 밝힌다.

선교사들에게는 내일까지 아순시온으로 돌아가라는 추기경의 명령이 떨어진다. 그것은 곧 스페인이 선교마을을 포기함으로써 원주민들이 포르투갈의 노예로 전락함을 의미한다. 추기경은 세계 각국에 퍼져 있는 예수회를 지키기 위해서 이곳을 희

191

생할 수밖에 없다고 말한다.

가브리엘 신부와 추기경이 대화를 나누며 걸어가는데 원주민 소녀가 다가오고, 가브리엘 신부와 원어민 언어로 대화를 나눈다. 추기경이 무슨 말이냐고 묻자, 숲에는 악마가 살아서 돌아가기 싫다고 했다고 하자, 뭐라고 대답했느냐고 다시 묻는다.

"제가 함께 있겠다고 했습니다."

가브리엘 신부는 추기경만을 남겨둔 채 소녀를 안고 원주민들 속으로 걸어간다.

날이 바뀌고 미겔 선교마을에 대한 포르투갈 군인들의 공격이 시작된다. 공동체를 이루고 살던 원주민들은 모두 노예로 잡혀간다. 남아 있던 선교사들도 군인들의 총칼 앞에서 수사복을 벗는다.

포르투갈 군인들은 다른 원주민들을 앞세워 숲속에 자리한 산 카를로스 선교마을을 공격한다. 로드리고와 필딩을 비롯한 신부들은 원주민들과 함께 무기를 들고 맞서 싸우다가 순교하고, 비폭력을 택한 가브리엘 신부는 미사가 끝난 뒤 성광을 들고 행진하다가 총에 맞아 순교한다.

영화가 시작될 때 교황 베네딕토 14세에게 쓰기 시작했던 추기경의 편지는 끝을 향해 다가간다.

'그리하여 사제들은 죽고, 저만 살아남았습니다. 하지만 사실 죽은 건 저 자신이고, 살아남은 건 그 신부들입니다. 언제나 그

렇듯이, 죽은 자의 영혼은 살아남은 자의 기억 속에서 살아갈 것이기 때문입니다.'

편지의 마지막 문장은 가브리엘 마르케스의 자서전《이야기하기 위해 살다》의 첫 문장을 떠올리게 한다.

'삶은 한 사람이 살았던 그 자체가 아니라, 현재 그 사람이 기억하고 있는 것이며, 그 삶을 얘기하기 위해 어떻게 기억하느냐 하는 것이다.'

영화 〈미션〉은 원주민을 선교하겠다는 사명감에 충실한 선교사들의 순교를 다룬 영화라면,《이야기하기 위해 살다》는 소설가라는 사명감을 지닌 위대한 작가의 추억과 소회를 담은 글이다. 한 가지 유감이라면 743쪽이나 되는 분량인데 고작 스물일곱 살까지의 삶만 다루고 있다는 점이다. 원래는 3부작으로 출간 예정이었으나 작가가 여든일곱 살이던 2014년에 사망함으로써 미완의 자서전으로 남게 되었다.

우리 대부분은 내가 왜 이 일을 해야 하는지도 모른 채 살아간다. 눈앞의 삶을 살아가기에 급급하다 보니 삶의 의미를 좇기보다 감정이나 욕망을 좇게 된다.

젊었을 때는 딱히 사명감이 없어도 살아가는 데 지장이 없다. 문제는 어느 정도 나이를 먹었을 때다.

살다 보면 명성이나 부, 성공 여부와 무관하게 누구나 한 번쯤은 '인생이 참 허무하네!'라는 생각에 사로잡히게 된다.

사명감을 지닌 사람들은 허무의 벽을 쉽게 통과한다. 반면 사명감이 없는 사람들은 허무의 벽 앞에서 살아온 날들을 되돌아보며 후회를 씹고 또 씹는다. 지난 삶을 부인하기도 하고, 우울증에 걸리기도 하고, 우울증이 심한 경우 자살을 택하기도 한다.

인생은 한 번뿐이라서 지나가면 돌이킬 수 없다. 지금은 그 방면에서 성공하거나 인정받는 일이 최우선이겠지만 세월이 흐르고 나면 그 가치가 퇴색될 수도 있다.

> 당신의 고독을 통해 목숨도 바칠 만큼 위대한 삶의 목적을 찾을 수 있도록 해달라고 기도하세요.
>
> _다그 함마르셸드

혼자 있는 시간으로 삶의 무기를 만들고 싶다면 지난 삶을 되돌아보라. 그런 다음 내 삶의 사명감을 찾아보라.

너무 막막하다면 나의 비전은 무엇인지부터 생각해보라. 비전을 갖고 있다면 그 일은 나에게 어떤 의미가 있는지, 자부심을 갖고 있으며, 열정적으로 임할 수 있는 일인지 등등을 검토해보라.

만약 비전이 없다면 비전부터 찾아야 한다. 비전은 '내가 되고 싶은 것'이다. 따라서 비전은 재능이 있는 일이나 하고 싶은 일들 속에서 발견하기 쉽다.

비전이 생겼다면 이번에는 사명감을 찾아보라. 사명감은 '내가 그 일을 해야만 하는 이유'이다. 다소 시간이 걸리더라도 사명감을 찾기만 한다면 인생이 백팔십도 달라진다.

만약 사명감을 갖게 되었는데도 그 일에 발전이 없거나 열정이 없다면 그것은 나의 사명감이 아니라 타인으로부터 주입된 사명감이거나 잘못된 사명감이다. 나에게 딱 맞는 새로운 사명감을 찾아볼 필요가 있다.

사명감은 강력한 삶의 무기가 된다. 사명감 없이 성공을 향해서 달리면 쉽게 지친다. 뚜렷한 사명감을 갖게 되면 성공할 수밖에 없는 운명에 놓이게 된다. 나는 굳이 성공하고 싶지 않더라도 운명이 나를 성공의 길로 이끌고 간다.

내 안에 숨겨진 무기를 꺼내라

갓난아기는 자기 몸이 자신의 일부임을 알지 못한다. 주변의 사물과 구별하지 못하는 것이다. 제 발가락을 가지고 놀면서도 그것이 옆에 있는 딸랑이가 아니고 제 몸의 일부임을 느끼지 못한다. 그러다 점차 고통을 통해서 제 육체의 실재를 이해하게 된다. 사람이 자신을 의식하게 되는 과정에도 같은 체험이 필요하다.

_서머싯 몸, 《인간의 굴레에서》(민음사) 중에서

이 소설은 저자의 자전적 소설이자 성장소설이다.

주인공 필립은 다리를 전다. 소설 속 어머니는 동생을 사산하고 나서 며칠 뒤 죽고, 천애 고아가 된 필립은 목사인 백부의 집

196

에서 지내게 된다.

실제로 서머싯 몸은 여덟 살 때 어머니를 잃고, 열 살 때 변호사였던 아버지를 잃은 뒤 목사였던 숙부의 밑에서 자랐다. 저자는 머리글에서 심한 말더듬으로 친구들에게 놀림받던 어린 시절과 부모를 잃고 방황하던 지난날을 회상하며 쓴 소설이라고 고백했다.

이 소설을 한마디로 표현한다면 '아이가 성장하며 고통을 통해서 제 육체의 실재를 이해하게 되듯이, 삶의 고통을 통해서 자아를 찾아가는 과정'이라 할 수 있다. 필립이 자신을 옥죄고 있는 속박을 하나씩 벗어던질 때마다 독자들은 카타르시스를 느끼게 된다.

물론 밀드레드가 등장할 때나 주식 투자로 상속받은 유산을 모두 날리고 노숙자로 전락했을 때는 가슴이 답답해진다. 하지만 이 또한 정념의 속박에서 벗어나기 위한 과정이다.

좋은 책일수록 생각할 거리가 많다. 이 작품은 열등감, 종교, 재능, 사랑, 돈, 인생 등등에 대해서 생각하게끔 한다.

'그는 지금까지 미래만을 염두에 두고 살아왔다. 그래서 현재는 늘 손가락 사이로 빠져나가고 말았다. 자신의 이상? 그는 의미 없는 삶의 무수한 사실들로 복잡하고 아름다운 무늬를 짜고 싶었다. 그리고 그는 가장 단순한 무늬, 그러니까 사람이 태어나서, 일하고, 결혼하고, 아이를 낳고, 죽음을 맞는 그 무늬가 동시에 가장 완전한 무늬임을 깨닫지 않았던가? 행복에 굴복하는 것은 패배를 인정하는 것인지도 몰랐지만 그것은 수많은 승리보다 더 나은 패배였다.'

소설은 필립이 의사 면허증을 따고, 사랑하는 여인과 결혼을 약속하면서 끝이 난다. 자아를 찾아서 고통의 바다를 떠돌던 배가 마침내 항구에 닻을 내린 것이다.

저자는 머리글에서 이 작품을 처음 집필한 것은 스물세 살 때였다며 이렇게 고백한다.

'출판하고자 했으나 어느 출판사에서도 받아주지 않았는데 돌아보니 무척 다행한 일이었다. 스물세 살 나이로 감당할 수 있는 주제가 아닌 데다 소설 속의 사건들과 너무 밀착되어 있던 시기라 적절하게 다룰 수도 없었기 때문이다.'

결국 저자는 서른여덟 살 때 다시 집필했고, 제1차 세계대전이 한창인 1915년에 출간되어 극찬받았다.

여담이지만 내가 고등학교 때 처음 이 작품을 읽었을 때는 필립이 낭만적인 여행을 꿈꾸다가 갑자기 결혼해서 정착하는 결말이 마음에 들지 않았다.

'자신이 무엇을 찾고자 하는지, 여행을 통해 무엇을 얻을 수 있을는지 그 자신도 알지 못했다. 하지만 삶에 대해 어떤 새로운 것을 배울 수 있으리라는 느낌, 풀면 풀수록 더욱 불가해지는 삶의 신비를 깨우치는 무슨 실마리를 얻을 수 있으리라는 느껌이 있었다. 그리고 설사 아무것도 발견하지 못한다 해도 가슴을 갉아대는 불안만큼은 달랠 수 있을 것 같았다.'

그래서 책을 덮으면서 '물론 서른여덟 살도 적은 나이는 아냐. 하지만 인생 전반에 대해 통찰하고, 그에 대한 결론을 내리기에는 다소 성급한 나이지' 하는 생각을 했다.

그 뒤 세월이 흘러서 위화의 《인생》을 읽고는 생각이 바뀌었다. 이 소설은 결말이 마음에 들었는데, 그가 《인생》을 쓴 것은 고작 서른세 살에 불과했기 때문이다.

《인간의 굴레에서》의 주인공 필립은 체험과 고통을 통해 속박에서 벗어난 뒤 삶의 무기를 찾는다. 하지만 한 번뿐인 인생인데, 모든 사람이 필립처럼 실제 경험을 통해서 내 안에 숨겨져 있는 재능을 일일이 확인할 필요는 없다.

불행은 책이나 영화, 연극, 뮤지컬, 포털 기사나 신문 기사, 또는 소문 등을 통해서 간접 경험을 하면 된다. 반면 행복은 그렇게 쌓은 지식과 지혜를 충분히 활용해서 실제 인생을 살아가며 누려야 한다.

월트 디즈니 애니메이션 스튜디오에서 60번째로 제작한 영화 〈엔칸토: 마법의 세계〉는 2021년에 개봉했다. 〈주토피아〉의 감독 바이론 하워드, 카리스 카스트로 스미스, 제레드 부시가 의기투합에서 만든 애니메이션 장편 뮤지컬 영화다.

영화는 할머니 아부엘라가 주인공 미라벨에게 마법의 촛불을 얻게 되는 과정을 들려주면서 시작된다.

아부엘라는 젊은 시절 세쌍둥이를 안고 피난을 가다 강가에서 남편을 잃는다. 절망의 순간, 마법의 촛불이 빛을 발하면서 순식간에 엔칸토라는 새로운 세상을 창조한다.

콜롬비아의 산악지대에 자리한, 놀라운 마법과 활기찬 매력이 넘치는 엔칸토. 이곳에는 평범한 마을 사람들 속에서 각자 하나씩 마법을 부릴 줄 아는 마드리갈 가족이 살고 있다. 이들은 사는 집부터 남다르다. '카시타'라 불리는 이 집은 단순한 집이 아니다. 자체적으로 의식을 지닌 듯 스스로 마법을 부려서 가족의 행복한 순간과 불행한 순간을 함께한다.

마드리갈 후손들은 다섯 살이 되면 신성한 의식을 통해서 촛불의 힘으로 하나씩 마법의 능력을 갖게 된다.

기분에 따라서 날씨를 변하게 하고, 미래를 내다보고, 음식으로 사람들을 치료하고, 남들이 듣지 못하는 미세한 소리를 듣고, 마음먹은 대로 변신하고, 필요할 때마다 꽃을 피우고, 초인적인 힘을 발휘하는 등 마드리갈 가족 모두가 마법사다. 단, 한 사람 주인공인 미라벨만 다섯 살 때 신성한 의식을 치렀음에도 그 어떤 능력도 받지 못했다.

남동생마저 신성한 의식을 통해서 동물을 자유자재로 부리는 마법의 능력을 받게 되자 미라벨은 외톨이가 된 것만 같은 깊은 슬픔을 느끼는데, 그 순간 카시타에 균열이 일어나며 붕괴될 위기에 처한다.

미라벨이 언니들에 비해서 아무런 능력이 없다며 한탄하자 엄마가 이렇게 말한다.

"넌 이대로도 완벽해. 다른 가족들처럼 너도 특별하단다."

미라벨은 집이 붕괴되려는 이유를 찾다가 마법 능력을 지닌 다른 가족들도 자기 능력이 사람들의 기대에 미치지 못할까 봐 두려워하고 있다는 사실을 알게 된다. 또한 미래를 안다는 것이 반드시 좋은 것만은 아니라는 사실도 깨닫게 된다.

과연 아무런 마법 능력도 없는 미라벨이 붕괴되려는 집과 마드리갈 가족들이 지닌 마법 능력을 지킬 수 있을까.

인터넷과 SNS의 발달로 공간과 시간의 벽이 허물어지고 있다. 장점도 있지만 단점도 있다. 정보를 쉽게 얻을 수 있다는 점이 장점이라면 비교 대상이 높아졌다는 점은 단점이다.

미라벨은 대다수 사람처럼 별다른 재능이 없는 평범한 사람인데 경쟁자는 마드리갈 가족처럼 특별한 재능을 지닌 사람들이다. 마치 마법과도 같은 재능을 지닌 그들을 어떻게 이길 수 있단 말인가?

이 영화는 기적이란 내가 지닌 재능의 여부와 상관없이 이 세상에 존재한다는 사실이고, 진정한 마법이란 내 모습을 있는 그대로 바라볼 능력이라고 말한다.

우리는 재능을 아주 특별한 것으로 생각하는 경향이 있다. 그 이유는 마드리갈 가족처럼 이미 완성됐거나 타고난 재능만을 재능으로 인정하기 때문이다.

세상을 살아가기 위해서는 삶의 무기가 있어야 한다. 하지만 아서왕이 호수의 요정에게 받았다는 엑스칼리버처럼 멋진 검일지라도 처음에는 고철 덩어리에 불과했다는 사실을 잊어서는 안 된다. 보는 이들의 탄성을 자아낼 만큼 멋지고 예리한 검도 수많은 제련 과정을 거쳤다.

> 사람들은 제가 천부적인 능력을 타고났다고 이야기합니다. 하지만 그분들은 모르는 것이 있습니다. 저는 한 번을 웃기기 위해 적어도 100번을 연습한다는 사실입니다. 당신은 100번을 연습한 적이 있습니까?
>
> _찰리 채플린

우리는 혼자 있는 시간을 이용해서 내 안에 숨겨진 재능을 찾을 수 있다. 처음부터 완성된 재능을 바라지 말고, 나에게 어떤 재능이 있는지 곰곰이 생각해보라.

그러기 위해서는 미라벨처럼 나 자신의 모습을, 더하거나 빼지 말고 있는 그대로 바라볼 수 있어야 한다.

요리를 잘하는 것도 재능이고, 뜨개질을 잘하는 것도 재능이고, 다른 사람의 말을 잘 들어주는 것도 재능이고, 인사를 잘하는 것도 재능이고, 말을 조리 있게 잘하는 것도 재능이고, 성격이 외향적이어서 인간관계를 잘하는 것도 재능이고, 악기를 연주할 줄 아는 것도 재능이고, SNS에 멋진 사진이나 글을 올릴 줄 아는 것도 재능이다.

이러한 재능도 갈고닦기에 따라서 충분히 삶의 무기가 될 수 있다. 《인간의 굴레에서》의 주인공 필립처럼 일일이 체험해본 뒤 내가 지닌 재능의 깊이를 확인할 수 있다면 좋겠지만, 인생은 한 번뿐인 데다 짧다.

혼자 있는 시간에 내 안의 재능을 끄집어내서 시간이 날 때마다 갈고닦는다면 언젠가는 반드시 삶의 무기로 사용할 수 있다.

> 노력은 수단이 아니라 그 자체가 목적이다. 노력하는 것 자체에 보람을 느낀다면 누구든지 인생의 마지막 시점에서 미소를 지을 수 있을 것이다.
>
> _레프 톨스토이

혼자 있는 시간에 우리가 빚을 수 있는 것 가운데 하나는 재능이다. 재능은 갈고닦을수록 빛을 발하게 마련이다.

"난 안돼!"

"나 까짓 게 무슨……."

날개도 제대로 펴보지 못한 채 완성된 재능 혹은 타고난 재능 앞에서 날개가 꺾여서, 스스로 판단하고 스스로 포기해버린 나의 재능. 더 늦기 전에 그것을 끄집어내라.

어쩌면 나의 재능으로는 평생을 갈고닦아도 삶의 결정적인 무기가 되지 못할 수 있다. 그래도 인생을 바꾸는 계기가 될 수 있고, 전혀 예상하지 못했던 순간에 삶의 무기가 될 수 있다.

꾸준하게 재능을 가꾸다 보면 삶이 한층 즐거워진다. 훗날 달이나 별처럼 어둠을 환히 밝힐 수는 없을지라도, 가족들의 얼굴이나 내 주변쯤은 환하게 밝힐 수 있다.

진짜 공부하기

"말도 안 돼. 계속 이 나무 아래에 있었던 거야! 모든 게 아까와 똑같아요!"

"당연하지. 그럼 어떨 거라고 생각했느냐?"

여왕이 말했다.

"제가 사는 곳에서는 오랫동안 빨리 달리고 나면 보통 다른 곳에 도착해요."

앨리스는 여전히 약간 헐떡이면서 말했다.

"정말 느린 나라구나! 여기서는 같은 장소에 있으려면 할 수 있는 한 최선을 다해 뛰어야만 하지. 만약 다른 곳에 가고 싶으면 적어도 두 배는 더 빨리 달려야 하고!"

_루이스 캐럴, 《거울나라의 앨리스》(더클래식) 중에서

205

루이스 캐럴은 영국 작가인 찰스 럿위지 도지슨의 필명이다. 그는 빅토리아 여왕 시대의 수학자이자 유명 사진사이기도 하다.

그도 심한 말더듬증을 갖고 있었다. 그리스 최고의 웅변가였던 데모스테네스,《한비자》를 써서 법가사상을 집대성한 전국시대의 철학자 한비,《국부론》의 저자인 애덤 스미스,《달과 6펜스》등을 쓴 서머싯 몸, 영국 총리를 지낸 윈스턴 처칠, 미국의 싱어송 라이터인 스캣맨 존,〈스타워즈〉시리즈에서 악역 다스베이더로 활약했던 제임스 얼 존스처럼.

대표작인《이상한 나라의 앨리스》는 1865년에 출간되었고, 후속편이라 할 수 있는《거울나라의 앨리스》는 7년 뒤인 1872년에 출간되었다. 이 작품은 거실에서 고양이 키티와 놀던 앨리스가 거울 안으로 들어가면서 펼쳐지는 모험을 그리고 있다.

루이스 캐럴의 대표작이라고 할 수 있는 두 작품은 수많은 사람에게 영감을 주었고, 철학, 물리학, 수학, 심리학 등 여러 학문 분야에 영향을 끼쳤다.

'여기서는 같은 장소에 있으려면 할 수 있는 한 최선을 다해 뛰어야만 하지. 만약 다른 곳에 가고 싶으면 적어도 두 배는 더 빨리 달려야 하고!'

특히 이 문장은 '붉은 여왕의 가설'을 탄생시켰다. 진화생물학의 가설로, '생명체는 주변 환경과 경쟁자들 사이에서 끊임없이 진화하며 적응해야만 자신의 존재를 유지할 수 있다'는 것이다. 상대성이론을 설명하기 위해서도 종종 인용된다.

경쟁은 스트레스의 요인이기도 하지만 생존의 필수 조건이기도 하다. 천적이 없다 보니 날개가 도태되어 멸종한 도도새처럼 유수한 기업들이 변화에 제대로 대처하지 못해서 무너졌다.

인간도 생존하고 진화하기 위해서는 변화를 따라가야 한다. 과학 기술의 발달은 세상을 빠르게 변화시키고 있다. 학교에서 배웠던 지식만으로는 변화하는 세상을 쫓아갈 수도, 대처할 수도 없다. 남들보다 앞서가려면 치열하게 새로운 지식을 쌓아야 하고, 최소 남들만큼이라도 하기 위해서는 공부를 게을리하지 말아야 한다.

영화 〈버드맨〉은 〈바벨〉의 감독인 알레한드로 곤살레스 이냐리투 감독의 2014년도 작품이다. 제71회 베니스영화제 개막작이었고, 제87회 아카데미 시상식에서 작품상, 감독상, 각본상, 촬영상을 휩쓸었다.

한때는 슈퍼히어로인 '버드맨'으로 할리우드 톱스타에 올랐던 리건 톰슨(마이클 키튼)이 늦은 나이에 배우로서의 꿈을 이루고 과거의 명성을 되찾기 위해서, 브로드웨이 무대에 도전하면서 일어나는 사건들을 그리고 있다.

영화는 하늘에서 별똥별이 불길에 타며 쏟아지고, 주인공인 리건 톰슨이 극장 분장실에서 팬티만 입은 채 공중 부양하고 있는 장면에서부터 시작된다. 스타는 추락하고 있는데 여전히 과거의 영광에 젖어서 붕 떠 있는 리건의 현실을 상징적으로 보여준다.

제대로 된 연극을 제작하고 감독하고 연출해서, 주연 배우로서도 여봐란듯이 재기에 성공하고 싶지만 현실은 녹록지 않다. 그의 무의식 속에는 과거의 영광에 취해 있는 '버드맨'이 살고 있다. 그는 수시로 나타나서 잔소리를 해댄다. 이까짓 시시한 연극은 집어치우고, 영화로 복귀해서 마음껏 영광을 누리라고.

애인이자 연극 배우인 로라는 임신 소식을 전하고, 본격적인 공연에 들어가기 전에 선보이는 첫 번째 프리뷰에서 마이크(에드워드 노튼)가 술에 취해서 난장판을 만들어버리는 바람에 야유만 쏟아진다. 리건은 딸인 샘(엠마 스톤)이 대마초를 피운 사실을 발견하자 잔소리하고, 화가 난 샘이 소리친다.

"아빠는 이 세상을 무시하지만, 세상은 아빠를 벌써 잊었어요! 아빠는 대체 누구세요? 블로그도 안 하고, 트위터는 싫어하고, 페이스북도 안 하잖아요. 아빠는 이 세상에 존재하지 않는다고요!"

두 번째 프리뷰는 우여곡절 끝에 성공을 거둔다. 마이크는 레이먼드 카버의 작품으로 연극을 택해야 했던 리건의 사연을 기자에게 자신의 사연인 양 인터뷰하고, 그의 연기를 혹평해서 신문의 톱 면을 차지한다.

마지막 프리뷰를 하는 도중 리건은 담배를 피우려고 극장 후문으로 나왔는데 문이 닫히면서 가운이 문틈에 낀다. 안간힘을 써도 가운이 빠지지 않자 결국 가운을 벗고 정문을 향해 걸어간다. 팬티만 입고 있으니 사람들이 버드맨임을 알아보고 사인을 요청하거나 사진을 찍자고 한다.

가까스로 극장에 들어선 그는 소품인 권총이 없어서 맨손으로 권총을 만들어서 연기를 한다. 어렵사리 연극은 끝났지만, 누군가 팬티 차림으로 브로드웨이를 걸어가는 걸 찍어서 유튜브에 올리는 바람에 뉴스에도 오르내리며 우스갯거리로 전락한다.

술집에서 만난 타임지 연극 평론가인 타비사는 아직 연극을 보지는 않았지만 사상 최악의 악평을 쓸 거라고 예고한다. 당신은 이기적이고 거만해서, 예술을 한다면서 배우려는 의지도 없고, 연습도 하지 않고, 준비도 안 되어 있다면서 악담을 쏟아낸다. 절망한 리건은 싸구려 위스키를 사서 마시다가 거리에서 노숙자처럼 잠이 든다.

잠에서 깬 리건은 버드맨의 삶을 잠시 꿈꾸다가 연극 무대로 돌아간다. 제1막은 성공적으로 끝난다. 그는 제2막 라스트 신에서 진짜 총을 자기 머리에 대고 방아쇠를 당긴다. 관객들은 연극으로 받아들이고 열렬한 환호성과 함께 박수를 친다.

어둠이 내리고 영화가 시작될 때 등장했던 별똥별이 허공을

209

날아간다. 감독은 스타란 가만히 앉아서 빛을 발하는 존재가 아니고, 스스로의 열정으로 불꽃을 살라서 빛이 나는 거라고 말하고 싶었던 건지도 모르겠다.

다행히 총알은 빗나가서 코를 날려버리는 데 그쳤다. 당신은 예술가가 아닌 연예인일 뿐이라며 멸시했던 타비사는 뜻밖에도 타임지에 호평을 써준다. 리건은 자신도 모르는 사이에 새로운 예술 분야인 초사실주의를 개척했다면서, 무대에서 실제적이고 상징적인 피를 흘렸으며, 그가 흘린 피는 미국 연극계의 동맥에서 사라진 피였다며 높이 평가했다.

이 사건으로 리건은 예전의 명성도 되찾고, 성형으로 날아가버린 코도 되찾았다. 그는 비로소 자신의 주변을 맴돌고 있는 버드맨에게 작별을 고한다.

리건은 진정한 영웅이 된 것이다.

세상은 변신 괴물처럼 빠르게 변화하며, 순식간에 멀어져 간다. 그 흐름을 따라가지 못하면 과거의 영광은 점점 멀어질 뿐이다. 옛날의 명성을 되찾기 위해서는 두 배의 노력이 필요하다. 어쩌면 〈버드맨〉의 리건처럼 목숨을 걸어야 할 수도 있다.

이스라엘 히브리대학교의 역사학과 교수이자 베스트셀러 작가인 유발 하라리는 "지금 학교에서 배우는 것의 80~90%는 아이들이 40대가 됐을 때 별로 필요 없는 것일 가능성이 크다"고 주장한다. 2050년이 되면 대부분 쓸모없는 지식이 된다는 것이다.

성공하려는 사람은 물론이고, 사회에서 제대로 대접받고 싶다면 공부를 계속해야 한다. 학교에서 배운 공부가 아니라 직장 생활을 하거나, 자영업자로 살아가거나, 예술가나 과학자로 살아가는 데 필요한 공부를 해야만 한다.

허물을 벗지 못하는 뱀은 죽는다. 뱀이 허물을 벗는다는 것은 영양분을 흡수해서 몸집이 커지고 계속 성장한다는 의미다. 그런데 어느 날 갑자기 성장이 멈춰버린다면 이제 뱀에게 남은 일은 죽음을 기다리는 일뿐이다.

우리 주변에서 성장이 멈춰버린 사람을 발견하기란 어렵지 않다. 작은 승리에 도취했거나, 공부를 게을리했거나, 다른 곳에 한눈을 판 결과이다.

> 10분 뒤와 10년 뒤를 동시에 생각하라.
>
> _피터 드래커

현재와 미래를 함께 생각해야만 변화하는 세상에서 살아남을 수 있다. 혼자 있는 시간에 자신에게 질문을 던져보라.

"나는 정말 전문가인가?"

"세상은 빠르게 변화하고 있는데 나의 지식은 여전히 유용한가?"

"10년 뒤에도 '나는 세상의 중심에 서 있다!'라고 외칠 수 있는가?"

혼자 있는 시간에 삶의 무기를 만들고 싶다면 진짜 공부를 시작하라. 세월이 흐른다고 해서, 나이를 먹는다고 해서 인생이 더 좋아지지는 않는다.

더 나은 삶, 더 멋진 삶을 살고 싶다면 실력을 쌓는 데 집중하라.

하고 싶은 일에 도전하기

당신이 사랑하는 일을 찾아보세요. 사랑하는 사람이 내게 먼저 다가오지 않듯, 일도 그렇습니다. '노동'은 인생의 대부분을 차지합니다. 그런 거대한 시간 속에서 진정한 기쁨을 누릴 방법은 스스로가 위대한 일을 하고 있다고 자부하는 것입니다. 자신의 일에 대해서 위대하다고 자부할 수 있을 때는, 사랑하는 일을 하고 있는 그 순간뿐입니다.

지금까지 찾지 못했거나, 잘 모르겠다고 해도 주저앉지 말고 포기하지 마세요. 전심을 다하면 반드시 찾을 수 있습니다. 일단 한 번 찾아낸다면, 서로 사랑하는 연인들처럼 시간이 가면 갈수록 더욱더 깊어질 것입니다. 그러니 그것들을 찾아낼 때까지 포기하지 마세요. 현실에 주저앉지 마세요.

_스티브 잡스, '스탠퍼드대학교 졸업식 연설' 중에서

'혁신의 아이콘', '프레젠테이션의 귀재'로 불리던 스티브 잡스는 2003년 10월에 췌장암 진단을 받았다. 식이요법 등을 시도하다가 이듬해 수술을 받았다. 2005년 스탠퍼드대학교 졸업 연설에서 이제는 괜찮다고 했지만 2009년에 간 이식 수술을 받아야 했고, 투병 끝에 2011년 10월에 세상을 떠났다.

이 연설은 세 가지로 나뉘는데 인생의 전환점, 사랑과 상실, 그리고 죽음에 대해서 말하고 있다. 이 자리에 서기 전까지의 인생이 축약되어 있을뿐더러 인생 전반에 대한 그의 사상을 엿볼 수 있다.

첫 번째 테마인 인생의 전환점에서는 '서체 수업'을 우연히 듣게 된 과정에 관해 이야기하며 출생의 비밀을 솔직하게 털어놓는다.

그는 대학원생인 미혼모에게서 태어났는데, 딸이었다면 변호사 가정에 입양될 예정이었다. 그런데 아들이 태어나자 다른 대기자에게 차례가 돌아갔다. 막상 입양시키려고 했더니 양어머니는 대졸자도 아니었고, 양아버지는 고등학교도 졸업 못 한 사람이었다.

생모는 입양동의서 쓰기를 거부하다가, 양부모로부터 대학에 꼭 보내주겠다는 약속을 받은 뒤에야 입양을 보냈다.

17년 뒤, 그는 학비가 비싸기로 유명한 스탠퍼드대학교와 학비 수준이 비슷한 리드 칼리지에 입학했고, 6개월 만에 자퇴했다. 그 이유는 평범한 부모가 평생 모은 돈이 모두 학비로 들어갔기 때문이었다.

그는 자문해보았다.

'대학 공부가 그만한 가치가 있는가?'

하지만 그는 자신이 인생에서 원하는 것이 무엇인지, 대학 교육이 인생에서 어떻게 도움 될지 판단할 수 없었다. 그러나 모든 것이 잘될 거라고 믿고 자퇴를 선택했다. 그는 인생에서 최고로 힘든 순간이었지만 최고의 결정 중 하나였다고 자평했다.

자퇴하고 나서 그는 필수과목 대신에 관심 있는 과목만 도강하기 시작했다. 1년 반 정도 도강했는데 그중 하나가 서체 수업이었다. 세리프와 산세리프체를 배웠는데, 서로 다른 문자끼리 결합될 때 다양한 형태의 자간으로 만들어지는 멋진 글씨체였다.

그때는 그것이 인생에 어떤 도움이 될지 상상조차 할 수 없었는데, 10년 후 매킨토시를 구상할 때 고스란히 빛을 발했다. 만약 그때 서체 수업을 듣지 않았다면 매킨토시의 복수서체 기능이나 자동 자간 맞춤 기능은 없었을 것이고, 맥을 따라 한 윈도우도 그런 기능이 없었을 것이고, 결국 개인용 컴퓨터에 이러한 기능이 탑재될 수도 없었을 것이라고 말한다.

그러면서 그는 이렇게 결론을 내린다.

"여러분들은 미래를 알 수 없습니다. 다만 현재와 과거의 사건들만 연관해볼 수 있을 뿐이죠. 그러므로 여러분들은 현재의 순간들이 미래에 어떤 식으로든 연결된다는 걸 알아야만 합니다."

스티브 잡스는 자신의 배짱이든 운명이든 인생이든 카르마든 그게 무엇이든지 그것에 믿음을 가져야 한다고 말한다.

현재와 미래는 뫼비우스의 띠처럼 연결되어 있다. 현재 시점에서는 미래를 볼 수 없지만 미래의 한 시점에서는 분명하게 보인다.

관심이 있고, 해보고 싶은 일이 있다면 도전해보라. 살다 보니 새롭게 흥미를 느끼게 된 것일 수도 있지만 어쩌면 그 일들은 '내가 잘하는 것'을 하고 사느라 오랫동안 방치해뒀던 것일 수도 있다.

인생은 한 번뿐이다. 하고 싶은 일이 있다면 그것이 무엇이든 간에 도전해보라. 언젠가는 내 삶의 유용한 무기가 될 수 있다.

우리 엄마가 항상 말씀하시길 "인생은 초콜릿 상자와 같은 거야. 어떤 초콜릿을 고를지 아무도 모르지"라고 하셨죠.

로버트 저메키스 감독의 1994년 작품인 〈포레스트 검프〉는

1986년에 출간된 윈스턴 F. 그룸의 동명 소설이 원작이다. 톰 행크스가 주인공 포레스트 검프 역을 맡아 열연한 이 영화는 제 67회 아카데미 시상식에서 작품상, 남우주연상, 감독상, 각본상, 편집상, 시각효과상을 받으며 무려 6관왕을 차지했다.

영화가 히트함에 따라 원작 소설도 미국에서만 250만 부 이상 팔려나가면서 스테디셀러로 자리 잡았다. 영화는 포레스트 검프가 역경을 이겨내는 데 초점을 맞췄다면 소설은 운동신경 못지않게 지적 능력도 뛰어난, 비록 백치지만 천재적인 면모를 지닌 한 인물의 기상천외한 종횡무진 활약상을 그리고 있다.

소설과 영화는 다른 장르다. 원작에 충실한 영화도 있지만 원작과 전혀 다른 영화도 있다. 원작의 주제만 빌려 와서 제작하기도 하고, 소설 속의 한 부분만 살려서 제작하기도 한다.

이 작품 역시 소설에서 빠진 내용이 적지 않고, 소설에는 나오지 않는 장면이 영화에 새롭게 등장하기도 한다. 그럼에도 아카데미 각본상을 비롯해 6관왕을 차지한 걸로 미루어볼 때 원작과는 별개로 잘 만든 영화라 할 수 있다.

영화는 잔잔한 음악과 함께 하얀 깃털이 마을 위를 자유자재로 떠다니면서 시작된다. 위의 대사는 벤치에 앉아 있던 포레스트 검프가 옆에 앉은 여인에게 백치 특유의 어눌한 말투로 혼잣말처럼 건넨 말이다.

유년 시절의 포레스트는 척추가 휘어져 있어서 다리에 보조 장치를 차고 걷는 데다 지능지수도 75밖에 되지 않았다. 어머니는 특수학교가 아닌 일반 학교에 보내기 위해서 교장과 성관계도 마다하지 않는다.

처음으로 학교 버스를 타고 등교하는 날, 그의 인생에서 가장 중요한 인물인 제니를 처음 만난다. 또래 친구들은 하나같이 옆에 앉는 걸 거부했지만 제니는 기꺼이 자리를 내어주고 말동무가 되어준다.

둘이 우정을 쌓아가는데 아이들이 포레스트에게 돌을 던진다. 제니가 달아나라고 하자 포레스트는 뒤뚱거리며 걸어간다. 자전거를 탄 아이들이 쫓아오자, 제니는 달리라고 외친다. 포레스트가 달리기 시작하자 보조 장치가 부서져서 떨어져 나가고, 그는 바람처럼 달린다. 그날 이후로 달리기에 재미를 붙인 포레스트는 어디를 가든 달리기 시작한다.

세월이 흐르자 포레스트를 괴롭히던 아이들은 트럭을 타고 쫓아오고, 제니는 다시 달리라고 고함치고, 포레스트는 있는 힘껏 달아난다.

지난날을 회상하며 포레스트는 이렇게 말한다.

"난 가고 싶은 곳에 가기 위해 뛰었는데, 그게 삶의 기회가 될 줄은 몰랐어요."

아마도 스티브 잡스였다면 이렇게 말했으리라.

"나는 미래를 알 수 없었지만, 세월이 흘러 어느 시점에서 바라보니 어떻게든 하나로 연결된다는 걸 알 수 있었죠.”

이 영화는 굵직굵직한 역사적 사실을 근간으로 하고 있다. 포레스트는 역사의 중요한 순간들을 지나간다. 그래서 이 영화를 실화라고 주장하는 사람도 있지만 관객의 관심을 끌고 흥미를 돋우기 위한 장치일 뿐이다.

포레스트는 달리기를 잘해서 대학에서는 미식축구 선수로 활약한다. 전미 미식축구팀에도 선발되어서 대통령의 초대를 받는다. 만찬 자리에서 음료수를 잔뜩 마신 그는 존 F. 케네디와 악수하며 대표팀에 뽑힌 기분이 어떠냐는 물음에 “오줌 쌀 것 같아요”라고 대답한다.

대학을 졸업하고 입대한다. 훈련소로 들어가는 버스에서 새우잡이 배를 사기 위해서 입대했다는 버바를 만난다. 이때의 포레스트는 알지 못했겠지만, 버바와의 만남은 훗날 새우잡이 배를 사서 사업을 하는 계기가 된다.

베트콩의 기습을 받지만, 동료를 구하고 엉덩이에 총알을 맞은 그는 부상 병동에서 지내다가 우연히 탁구를 배우게 된다. 이때의 포레스트는 알지 못했겠지만, 훗날 묘기 탁구로 재향 군인들을 위해 공연을 다니다가, 국가대표로 발탁돼 핑퐁 외교의 일환으로 중국에도 가게 되고, 국민 영웅이 되어서 토크쇼에 존 레논과 동반 출연을 한다.

이 영화는 지능은 다소 떨어지지만 순수하고 자유로운 영혼을 지닌 한 남자의 순애보와 그의 파란만장한 인생을 그리고 있다. 포레스트가 어느 날 집을 나와 달리기 시작한 것도 말없이 떠나버린 제니에 대한 상실감 때문이었다.

그때는 몰랐다. 앨라배마주를 횡단하고, 미시시피까지 갔다가 미국 전역을 무려 3년 2개월 14일 16시간을 달리게 될 줄은. 그 일로 다시 유명 인사가 되고 수많은 사람에게 영감을 주어서 추종자까지 생기게 될 줄은.

사실 영화에서 달리는 장면은 원작 소설에는 등장하지 않는다. 소설은 재미있기도 하지만 황당하게 느껴지는 모험이 많아서, 소설에 비한다면 영화가 좀 더 현실적이라 할 수 있다.

나는 영화를 보면서, 자유롭고 순수한 영혼을 지녔기에 그 어떤 것도 두려워하지 않는 포레스트를 통해 지난 인생 전반을 돌아보았다.

'내가 도전하지 못할 것이 무엇이란 말인가?'

'시작은 비록 초라할지라도 그 끝을 누가 알겠는가.'

'지금이라도 하고 싶은 일이 있다면 최선을 다해야 하는 게 아닐까.'

대다수가 섣부른 짐작만으로 하고 싶었던 수많은 일을 포기하며 살아간다. 도전하려니 이런저런 장벽이 앞을 가로막고 있거나, 삶의 우선순위가 아니거나, 성공할 자신도 없거니와 시간도 부족하다고 판단하기 때문이다.

하지만 우리가 내린 판단이 과연 정확한 것일까?

첫술에 배부를 리 없고, 처음부터 잘할 수는 없는 법이다. 그럼에도 대다수가 제대로 부딪쳐보지도 못한 채 제풀에 물러서곤 한다.

> 우리가 할 수 있는 일에 최선을 다할 때 우리, 혹은 타인의 삶에 어떤 기적이 나타날지는 아무도 모른다.
>
> _헬렌 켈러

인생은 예측이나 계획대로 흘러가지 않는다. '우연'이 개입하기 때문이다. 우연은 인간의 예감이나 논리를 비웃기라도 하듯이 전혀 예측하지 못했던 방향으로 상황을 이끌고 간다.

포레스트 검프가 새우잡이 사업으로 부자가 되는 과정에도 우연이 개입한다. 혼자 바다에서 조업하는 동안 태풍이 몰아쳐서, 선착장에 정박해놓은 다른 선박들이 모조리 파손되는 바람에 포레스트는 새우 조업을 독점하다시피 한다.

물론 그렇다고 해서 우연에 기대보라는 것은 아니다. 인생은 살아보기 전에는, 막상 부딪쳐보기 전에는 모른다는 뜻이다.

혼자 있는 시간으로 삶의 무기를 만들고 싶다면 하고 싶은 일에 도전해보라. 이 과제는 세 가지 측면에서 의미가 있다.

첫째, 도전이 성공으로 이어진다면 삶의 무기가 되는 것은 물론이고, 인생에서 지금까지 느껴보지 못했던 커다란 성취감을 느낄 수 있다.

둘째, 설령 실패로 끝난다고 하더라도 최선을 다했다면 그 과정에서 다른 일을 통해 성공할 만큼 성장할 수 있다.

셋째, 세월이 흐르고 나면 자신의 인생에 대해서 나름대로 자부심을 가질 수 있다.

인생을 살다 보면 하고 싶었지만 이런저런 이유로 하지 못했던 일들이 가슴 한편에 쌓이게 된다. 나이를 먹을수록 아쉬움은 점점 커진다.

크로노스의 시간을 카이로스의 시간으로 전환할 수만 있다면 아직 시간은 충분하다. 지금이야말로 내 삶을 올바른 방향으로 변화시킬 절호의 기회이다.

아이디어를 찾고, 성장시키기

산책을 하라, 예감을 키워라, 모든 것을 메모하되 폴더는
엉망으로 놔두어라, 뜻밖의 발견을 포용하라, 생성 능력이
있는 실수를 하라, 여러 가지 취미 활동을 하라, 커피하우
스를 비롯한 유동적 네트워크에 자주 가라, 링크를 따라가
라, 다른 사람들이 당신의 아이디어 위에 새로운 아이디어
를 만들게 하라, 빌리고, 재활용하고, 다시 만들어라, 복잡
하게 뒤얽힌 바다를 만들어라.

_스티브 존슨, 《탁월한 아이디어는 어디에서 오는가》(한국경제신문사) 중에서

미국의 베스트셀러 작가이자 미디어 이론가인 스티브 존슨
은 700여 년 동안 탄생한 탁월한 아이디어는 어떤 환경에서 나

왔는지를 분석했다. 구텐베르크의 인쇄 혁명부터 위성을 통한 GPS에 이르기까지 연구 대상은 200여 개였다.

그는 7가지 혁신 키워드를 통해서 탁월한 아이디어 탄생 배경을 설명하고 있다.

인접 가능성 - 둘러싸고 있는 환경에서 가능성을 발견하라.

유동적 네트워크 - 자유로운 공간에서 넘치는 정보를 공유하라.

느린 예감 - 천천히 진화하여 새로운 연결을 만든다.

뜻밖의 발견 - 예감 속에 있는 연관성을 찾아라.

실수 - 잡음과 오염을 탐구하라.

굴절적응 - 문 뒤에 숨은 가능성을 상상하라.

플랫폼 - 생산적으로 충돌하고 다시 결합하라.

탁월한 아이디어는 한순간에 탄생하지 않는다. 하나의 생각이 싹을 틔워서 탁월한 아이디어로 빛을 보려면 시간과 과정이 필요하다. 마치 생명체처럼 생성과 소멸을 하고, 연결과 융합, 재결합을 통해서 진화하는데 경쟁할수록 완성도가 높아진다.

이 책을 짧게, 한 문장으로 요약하면 이렇다.

내가 관심을 두고 있는 분야에서 새로운 생각의 싹을 틔우고, 그 생각을 하나의 아이디어로 발전시켜서 모두에게 공개하고, 전문가들과 자유롭게 대화하고, 또 다른 아이디어가 떠오른다면 메모해서 융합시킬 수단이나 방법을 찾고, 아이디어가 새롭게 연결되어 발전할 환경을 제공하고, 실수를 통한 새로운 통찰력으로 아이디어를 검토해보고, 모두에게 유익한 아이디어가 될 수 있도록 다른 분야의 아이디어를 접맥해서 확대해보고, 아이디어가 스스로 성장할 혁신적인 환경에서 공동 작업을 통해 수없이 검토해보라는 것이다.

이 책은 2012년도에 출간되었고, 여러 현상을 하나로 묶다 보니 다소 부자연스러운 부분도 있지만 지적인 흥미를 유발하고, 생각의 영역을 넓혀준다는 점에서 충분히 읽어볼 가치가 있다.

아이디어에는 여러 종류가 있다. 이 책에서 소개하는 것처럼 인류 문명을 발전시킬 탁월한 아이디어도 있고, 답답한 내 삶을 변화시킬 아이디어도 있고, 내가 일상에서 겪고 있는 문제점을 해결할 아이디어도 있다.

아이디어를 현실화하는 데는 함께해야 할 작업도 있지만 혼자 해야 할 작업도 있다. 생각의 싹을 틔우고, 계속 성장할 수 있도록 메모하고 정리하는 일은 개인의 몫이다. 책을 읽고, 산책하면서 예감을 키우고, 아이디어에 생명력을 불어넣는 일 등은 혼자 있는 시간을 거쳐야만 한다.

물론 한 번에 떠오르면서 완성되는 아이디어도 있다. 그러나 가치가 높은 아이디어일수록, 포도주가 숙성되듯이 흘러가는 시간 속에서 이런저런 과정을 거치면서, 점점 뚜렷한 형태를 갖춰가게 마련이다. 혼자 있는 시간은 아이디어를 발견하는 데 필요할뿐더러 아이디어를 발전시키는 데도 필요하다.

"명심하라. 이 세상 그 무엇도 끈기를 대신할 순 없다. 재능도 소용없다. 재능이 있음에도 실패한 사람이 얼마나 많은가. 능력도 소용없다. 능력만큼 보상받지 못하는 예는 속담에도 나올 만큼 흔하다. 교육도 소용없다. 세상은 교양 있는 바보로 넘쳐난다. 오로지 끈기와 의지만이 중요할 뿐이다."

존 리 행콕 감독의 2016년 개봉작인 〈파운더〉는 맥도날드 형제와 그들의 가게를 인수해 세계적인 프랜차이즈로 키운 레이 크룩의 이야기를 다루고 있다. 제작자인 돈 핸드필드는 맥도날드 형제의 후손을 만나서, 맥도날드 형제와 레이 크룩 사이에 있었던 숨겨진 비화를 듣고 관련 자료를 넘겨받은 뒤, 제삼자의 시선에서 제작했다.

영화는 레이 크룩(마이클 키튼)이 다중 쉐이크 믹서기를 방문판매하기 위해 고객을 설득하는 장면에서부터 시작된다. 자서전에 의하면 17년간 종이컵을 판매했던 그는 멀티 믹서기를 보는 순간, 기회가 왔음을 직감하고 새로운 사업에 뛰어들었다고 한다.

그가 믹서기를 팔기 위해 돌아다니던 1954년에는 음식이 빠르고 정확하게 나오는 식당이 없었다. 30분쯤 기다리는 건 기본이었고, 음식이 나와도 주문한 음식과 다른 음식이 나오기 일쑤였다.

세계적인 대갑부가 되었지만 믹서기 세일즈맨을 할 때, 그의 나이는 쉰둘이었다. 위의 대사는 레이 크룩의 자서전《글라인딩 잇 아웃》에 실려 있다. 영화에서는 레이가 모텔 방에서 틀어놓은 레코드판에서 흘러나온다. 미국 제30대 대통령이었던 캘빈 쿨리지의 강연 내용 중 일부분으로 추정된다.

레이 크룩은 믹서기가 대박을 터트릴 것으로 예상했지만 판매는 저조했다. 그러던 중 캘리포니아 선버노디노의 맥도날드 형제가 6대의 믹서기를 주문한다. 한 가게에서 6대를 주문했다는 사실에 놀란 그는 맥도날드 가게를 찾아간다.

가게 앞에는 손님들이 길게 줄을 서 있다. 매장은 청결하고, 음식은 주문한 지 30초 만에 나온다. 빠르고 정확한 시스템에 놀란 레이 크룩은 그들과 함께 저녁 식사를 하며, 성공 스토리를 듣는다.

맥도날드 형제의 가게가 지금처럼 체계적인 시스템을 갖추기까지 수많은 시행착오를 거쳤음을 알게 된다. 탁월한 아이디어라는 것이 하루아침에 완성되지 않듯이.

그날 밤 레이는 쉽게 잠들지 못한다. 자기에게 절호의 기회가 찾아왔음을 예감한다. 그것은 오랫동안 세일즈맨으로 일했던 경험으로부터 우러나온 것이었다.

아침 일찍 맥도날드 형제를 찾아간 레이는 프랜차이즈를 제안한다. 그러나 그들은 이미 해봤지만 실패했다며 거절한다.

아내의 반대에 잠시 갈등하던 레이는 다시 그들을 찾아가서 교회나 관공서처럼 전국 곳곳에 M 모양의 아치를 지닌 맥도날드를 세워보자고 제안하고, 형제는 마침내 받아들인다.

그러나 효율을 중시하는 레이와 원칙을 중시하는 맥도날드 형제는 사사건건 부딪친다. 레이가 부자들을 상대로 체인점을 빠르게 늘려가다 보니 정해진 음식만 판다는 원칙을 지키지 않는 가게가 발생하고, 위생이 엉망인 가게가 있는가 하면, 치킨버거 같은 새로운 메뉴를 개발한 가게도 생겨난다.

프랜차이즈가 성공하려면 기본 원칙을 지켜야 하고, 지점장이 가게를 성실하게 운영해야 한다는 사실을 깨달은 그는 부자는 아니지만 가게에 열정을 쏟을 만한 사업자를 찾아다닌다. 맥도날드를 가족의 사업처럼 운영할 수 있는 사람에게 체인점을 내준다.

성공적으로 프랜차이즈는 운영되지만, 적은 수수료로 말미암아 레이는 경제적 압박감에 시달리게 된다. 그러던 중 아이스크림보다 싸고, 비싼 전기세를 물어가면서 냉동고를 돌릴 필요가 없는 분말로 된 밀크셰이크 파우더를 사용하자는 제안을 받는다. 레이는 반색하지만, 원칙을 중시하는 맥도날드 형제는 반대한다.

자금 압박에 시달리던 레이는 은행을 찾았다가 우연히 해리 J. 소네본을 만난다. 그는 새로운 아이디어를 내놓는다. 맥도날드가 토지를 소유하는 임대주가 되어서, 점주에게 월세를 받고, 별도로 수수료까지 챙기라는 것이다.

레이 크록이 맥도날드 형제의 가게를 보고 처음 구상했던 아이디어와는 완전히 다른 아이디어다. 처음 아이디어가 '전국에 프랜차이즈를 세워 수수료를 걷어서 부자 되기'였다면 새로운 아이디어는 '빠르게 확산하는 맥도날드 햄버거 가게를 이용해서 임대 사업으로 부자 되기'이다. 즉, 맥도날드 햄버거는 임대 사업을 위한 일종의 미끼가 되는 셈이다.

맥도날드의 재무 책임자가 된 해리 J. 소네본은 투자자들과 은행에서 돈을 빌려서 프랜차이즈 부동산 법인을 세우고 레이 크록은 CEO가 된다. 그들은 체인점이 들어설 곳의 땅을 사들여서 본격적인 임대 사업을 하기 시작한다.

이 영화는 자서전에서는 찾아볼 수 없는 레이 크록의 가정사와 사업가로서의 비정함을 엿볼 수 있다. 또한 사업 아이디어에 대해서 많은 것을 생각해볼 수 있어서, 요식업을 비롯한 자영업자라면 한 번쯤은 꼭 봐야 할 영화다.

스티브 존슨의《탁월한 아이디어는 어디에서 오는가》에서 요약한 7가지 혁신 키워드가 모두 적용된 사례이기도 하다. 로마가 하루아침에 세워진 것이 아니듯, 맥도날드 역시 하루아침에 세워진 것이 아니다.

이따금 한밤중에 기막힌 아이디어가 떠오르는 경우도 있
다. 포괄적이면서 완벽해 보이는 아이디어다. 하지만 다음
날 환한 햇빛 아래서 다시 생각해보면 간밤의 생각은 현실
성이 부족한, 공상에 가까운 계획이었음이 매번 드러난다.
대개의 경우 그 이유는 작지만 필수적인 세부 사항이 뒷받
침되지 않았기 때문이다. 그래서 나는 지나치게 단순한 생
각일지 모르지만 세부를 중시한다. 사업에 성공하길 바란
다면 반드시 그 기초를 형성하는 모든 세세한 부분을 완벽
하게 준비해야 한다.

_레이 크룩, 《성공은 쓰레기통 속에 있다》(황소북스) 중에서

혼자 있는 시간은 우리에게 기회를 제공한다. 아이디어의 완
성도를 높일 수 있으며, 아이디어를 현실에서 실현할 수도 있다.

인간은 사회에서 여러 가지를 배울 수 있다. 그러나 영감을
받는 것은 오직 고독할 때만 가능하다.

_요한 볼프강 폰 괴테

가치 있는 아이디어는 한순간에 완성되지 않는다. 혼자 있는

시간으로 삶의 무기를 만들고 싶다면 고독 속에서 아이디어를 찾고, 좋은 환경을 찾아다니며 계속 아이디어를 성장시켜라.

때가 되면 그 아이디어가 내 삶의 가장 유용한 무기가 된다.

인생 업그레이드하기

나는 지구 곳곳에서 가난과 배고픔으로 고통받는 이들을 생각했다. 나는 지극히 미국인의 관점에서 빈곤을 생각했다. 내가 직접 겪고 또 목격했던 가난은 어쩌면 다른 곳에 있는 수천만의 사람들에게는 만족스러운 삶일 수도 있었다. 음식 가방이 아예 없는 곳도 있었다. 나는 전부 괜찮아질 것이라고 확신했다.

학교를 다시 다니는 것이 가장 먼저 할 일이었다. 나는 아이들에게 어느 고등학교를 나왔는지 물어보았다.

_버니 스웨인, 《터닝포인트》(스타리치북스) 중에서

버니 스웨인은 강연 에이전시인 워싱턴 스피커스 뷰로의 공동 창립자이자 회장이다. 《터닝포인트》는 저명인사 34명의 일화를 소개한다.

미국 최초의 여성 국무장관이었던 매들린 올브라이트, 영국 전 총리 토니 블레어, 미국 노동부 장관이었던 로버트 라이시, 아프리카계 미국인으로서 최초의 국무장관이었던 콜린 파월, 콘돌리자 라이스, 밥 우드워드, 미국 국가대표 농구 감독직을 11년이나 맡았던 명장 마이크 시셰프스키 등등이 등장한다.

위의 글은 미국 전역의 굶주리는 아이들에게 식량을 제공하는 '매니페스트 리빙'을 창립한 리즈 머리의 사연 중 일부이다. 이 책은 많은 인물의 사연을 다루다 보니, 리즈 머리의 사연 역시 간략하게 다루고 있다. 상세한 사연을 알고 싶다면 그녀의 자전적 에세이집 《길 위에서 하버드까지》를 읽어보길 권한다. 피터 레빈 감독이 2003년에 영화로 제작 발표한 〈홈리스 투 하버드〉도 그녀의 이야기다.

리즈 머리의 부모는 마약중독자였다. 마약을 끊어야겠다는 생각은 있지만 마약에 의존하던 어머니는 에이즈에 걸렸고, 그녀는 가출 청소년이었던 어머니처럼 노숙자로 전락한다.

그렇다면 과연 그녀의 인생을 업그레이드한 것은 무엇이었을까?

그것은 인생을 대하는 태도, 즉 긍정의 마인드였다. 크리스마스 다음 날, 초라하기 짝이 없는 어머니의 장례를 치른다. 그녀의 나이 열다섯 살 때의 일이었다.

그녀는 빈곤을 개인의 관점이 아닌 미국인의 관점에서 바라보며 낙천적으로 받아들인다. 또한 노력하기에 따라서 충분히 극복 가능하다고 생각하고, 자신이 처한 상황을 바꿀 유일한 길은 공부임을 깨닫는다.

그녀는 대안학교에 들어가고, 일을 하면서도 4년제인 중고등학교를 2년 만에 우수한 성적으로 졸업한다. 6명을 선발하는 〈뉴욕타임스〉의 대학 장학 프로그램의 장학생으로 선발되면서, 하버드에 입학하게 된다. 그녀의 인생 스토리가 〈뉴욕타임스〉에 대서특필되고 나자, 하루아침에 인생이 바뀌었다.

만약 리즈 머리가 삶에 대한 부정적인 태도를 지니고 있어서, 빈곤을 자신의 운명으로 받아들였다면 어떻게 됐을까. 그녀 역시 어머니가 걸었던 삶의 궤적을 따라갔으리라.

행운은 어느 날 갑자기 찾아올 수도 있지만 성공은 갑자기 찾아오지 않는다. 인생을 업그레이드하고 싶다면 삶에 대한 태도부터 바꿔야 한다. 긍정적인 마인드로 무장하고, 그 어떤 역경도 반드시 이겨내겠다는 의지를 지닐 때 비로소 인생이 조금씩 변하기 시작한다.

가브리엘 무치노 감독의 2006년 개봉작인 〈행복을 찾아서〉는 흑인으로서 자수성가한 크리스토퍼 폴 가드너의 실제 삶을 다룬 영화이다.

크리스 가드너는 1954년에 위스콘신주의 밀워키에서 태어났다. 미혼모였던 어머니는 새로운 남자를 만났는데, 양아버지는 술에 취하면 폭력을 썼다. 남편의 폭력을 견디다 못한 어머니는 집에 불을 질러 감옥에 가고, 가드너는 위탁 가정에서 자라게 된다.

여러 집을 전전하면서도 공부를 열심히 해서 우수한 성적으로 고등학교를 졸업했다. 그러나 학비가 없어서 대학 진학은 엄두도 내지 못했다. 해군에서 제대하고 나서는 의료기기 세일즈맨으로 일했다.

영화는 크리스 가드너(윌 스미스)가 아들을 깨우는 장면에서부터 시작된다. 부부가 맞벌이하며 아들을 키우지만, 경제적으로 힘든 상황이다.

원작에서는 어려서부터 페라리를 동경했던 그가 종합병원 주차장에서 우연히 페라리를 모는 주식 중개인을 만나면서, 주식 중개에 흥미를 갖게 되었다고 고백한다. 그러나 영화에서는 골밀도 스캐너를 팔러 다니다 증권사 앞에서 빨간색 페라리를 모는 주식 중개인을 만나는 것으로 나온다.

그는 집에서 페인트를 칠하다 불법주차 과태료 체납으로 구치소 신세를 지게 된다. 집에 들를 시간이 없어서 곧바로 면접장으로 달려간다.

면접관들은 작업복 차림으로 면접을 보러 온 데다 고등학교 학력이 전부인 그를 탐탁지 않아 한다. 그러자 그는 이렇게 말한다.

"저는 질문을 받았을 때 모르면 모른다고 말하는 사람입니다. 하지만 이것만은 장담합니다. 저는 정답을 찾는 방법을 알고, 반드시 찾아냅니다. 그럼 되는 것 아닙니까?"

크리스 가드너의 삶에 대한 태도가 함축되어 있다. 인생을 업그레이드하기 위한 준비가 되어 있음을 엿볼 수 있는 장면이다.

그는 치열한 경쟁을 뚫고 '딘 위터 레이놀즈(Dean Witter Reynolds)'의 인턴십 프로그램에 합격한다. 그러나 마냥 기뻐할 수만도 없다. 6개월 동안 월급이 없는 데다, 정직원이 되지 못할 수도 있다는 위험을 감수해야 한다.

아내하고도 헤어진 그는 월세를 내지 못해 집에서 쫓겨난다. 모텔로 거처를 옮기지만 국세청 세금 미납으로 계좌의 돈이 압수되면서, 결국 거리로 쫓겨난다.

기차역 공중화장실에서 아들과 함께 잠을 자기도 하는 등 어려운 날들이 이어진다. 그러다 음식과 잠자리를 제공해주는 노숙자 쉼터를 찾아간다. 낮에는 주식 중개인으로 일하고, 밤에는 노숙자 쉼터에서 주식중개사 자격증을 따기 위해 밤새우며 공부한다.

마침내 치열한 경쟁률을 뚫고 정식 직원으로 채용된다. 합격 소식을 전해 들은 크리스가 군중 속에서 소리 없이 환호하다가 아들에게 달려가 뜨겁게 포옹한다.

영화에는 뒷이야기까지 나오지 않지만, 크리스토퍼는 2년 동안 근무하다 월 스트리트에서 잘나가던 투자 회사인 베어스턴스사로 옮겼고, 1987년 자신의 이름을 건 파생상품 전문 중개회사인 '가드너 리치 앤 컴퍼니(Gardner Rich & Company)'를 설립했다.

사업이 번창해 억만장자의 반열에 올랐지만 2012년에 아내가 암으로 사망하자, 남은 인생을 어떻게 살 것인가에 대해서 고민하기 시작했다. 3년 동안의 심사숙고 끝에 회사를 정리했고, 지금은 자선사업가 및 동기부여 전문 강사로 일하고 있다. 그의 자산은 대략 6천만 달러로 추정하고 있다.

우리는 저마다 자신의 삶을 업그레이드하기 위해 노력한다. 그래서 수많은 사람이 한 살이라도 더 젊었을 때 승부를 보기 위해, 기꺼이 혼자 있는 시간에 고독 속으로 침잠한다.

꿈을 이루기 위해서 종일 공부하고, 성공하고 싶은 분야에서 실력을 쌓고, 자격증을 따고, 성공 가능성이 큰 사업 아이템을 찾는 것도 중요하지만 그보다 더 중요한 게 있다. 그것은 바로 삶을 대하는 태도이다.

나는 살아오면서 탁월한 머리에 공부도 많이 한 사람이 실패를 거듭하다 끝내 주저앉는 것을 수없이 봐왔다. 당사자들은 그 이유를 불운이나 남 탓으로 돌리는데, 좀 더 근본적인 이유는 의심하는 습관과 비관적인 사고 때문이다.

의심하는 습관이나 비관적인 사고는 문제를 풀거나 완벽함을 도모하는 데 도움 된다. 그러나 일을 진행할 때는 더 많은 문제점을 불러온다.

삶을 대하는 태도가 인생의 성패를 가른다고 해도 과언이 아니다.

> 자신을 하찮은 사람으로 취급하지 마라. 그런 태도는 자신의 행동과 사고를 얽어맨다.
>
> _프리드리히 니체

> 태도는 아주 사소한 차이지만 그 결과는 거대한 차이다.
>
> _윈스턴 처칠

삶을 긍정적으로 바라보느냐, 부정적으로 바라보느냐에 따라서 인생이 달라진다. 자존감이 높은가, 낮은가에 따라서 삶의 질이 바뀐다.

혼자 있는 시간으로 삶의 무기를 만들고 싶다면, 인생을 확실하게 업그레이드하고 싶다면, 삶을 대하는 태도부터 바꿔라.

태도에는 그 사람이 살아온 날들, 교양, 철학, 심리, 지혜, 성격, 운명, 미래 등등이 함축되어 있다. 올바른 태도는 인생을 살아가는 데 가장 강력한 무기다.

내 인생 가지치기

비생산적인 인간관계는 정리하자. 당신에게 아무런 도움도 안 되는 인간관계도 정리하자. 사랑이라는 이름으로 이성에게 구속되지 말자. 지혜롭지 못한 사람은 피하자. 그런 사람들은 아무렇게나 생각하고 행동한다. 그들을 상대하면서 욕하는 것보다는 아예 어울리지 않는 편이 낫다. 그런데 지혜와 지식을 혼동해서는 안 된다. 지식은 있어도 그런 지혜는 못 갖춘 사람들이 많다.

_도미니크 로로,《심플하게 산다》(바다출판사) 중에서

파도는 밀려가면 밀려오게 마련이고, 달도 차면 기울게 마련이다. 인간도 자연의 일부분이니 다르지 않다.

240

작은 집에서 큰 집으로 이사 가면 처음에는 무척 넓게 느껴진다. 살아가면서 이것저것 채우다 보면 몇 년 지나지 않아서 좁게 느껴진다. 더 큰 집으로 이사 가는 것도 하나의 방법이지만 쓸모없는 짐을 버리는 것도 좋은 방법이다.

프랑스의 수필가인 도미니크 로로의 《심플하게 산다》는 2005년에 출간되었고, 한국에는 2012년에 출간되었다.

단순함을 추구하는 미니멀리즘은 1960~70년대 회화와 음악을 중심으로 시작해서 디자인과 건축을 비롯한 여러 분야로 확산했다.

적게 소유하고 단순하게 산다는 미니멀리즘은 뿌리가 깊다.

> 사흘 동안 닦은 마음은 천 년의 보배요, 백 년 동안 탐한 재물은 하루아침의 티끌과 같다.
>
> _《자경문》중에서

> 돈을 사랑하지 말고 있는 바를 족한 줄 알라.
>
> _히브리서 13장

> 학문을 하는 사람은 날마다 더하고, 도를 익히는 사람은 날마다 덜어낸다.
>
> _《도덕경》중에서

행복의 비결은 더 많은 것을 찾는 게 아니라 더 적은 것으로 즐길 수 있는 능력을 키우는 데 있다.

_소크라테스

현대인이 쉽게 빠지는 유혹 중 하나는 '과도한 욕망'이다. 과식하면 탈이 나듯이 인생도 마찬가지다. 명예를 얻기 위해서 거짓말을 일삼고, 권력을 차지하기 위해서 친한 사람을 배신하고, 부자가 되기 위해서 가난한 이들의 몫을 빼앗는다. 처음에는 기쁠지 몰라도 언젠가는 그것들이 발목을 잡게 된다.

욕망은 늪과 같다. 처음에는 위협이 되지 않는다. 하지만 시간이 흐를수록 점점 깊이 빠져들어서 앞으로 나아갈 수도, 뒤로 물러설 수도 없는 지경에 이른다.

인생을 살아가는 데 잡다한 무기는 오히려 방해된다. 하나에 집중하기 위해서라도 불필요한 것들은 덜어낼 필요가 있다. 그래야 정신과 육체가 피로를 느끼지 않고, 맑은 정신과 가벼워진 몸으로 내일을 향해 전진할 수 있다.

플로리안 데이비드 핏츠 감독의 〈100일 동안 100가지로 100퍼센트 행복찾기〉는 2018년 독일 코미디 영화 흥행 1위를 차지한 작품이다. 국내에는 2019년 9월에 개봉했다. 비록 흥행에는 실패했으나 개봉 전부터 화제를 모았던 작품이다.

이 영화는 내레이션과 함께 시작된다.

"증조부모 세대에는 57가지 물건으로 생활했다. 그러나 세계 대전과 물가 상승 폭탄을 맞았다. 하지만 상관없었다. 그분들은 신과 사후세계를 믿었으니까. 조부모님 세대는 200가지 물건으로 생활했다. 그분들에게는 히틀러가 있었고, 아무것도 남지 않게 되었다. 하지만 상관없었다. 그분들은 풍족한 미래를 믿었으니까. 부모 세대는 650가지 물건으로 생활했다. 베를린 장벽과 비밀경찰이 있었지만 어쨌든 통일이 됐고, 그분들은 자유를 믿었다. 우리 세대는 평균 1만 가지 물건으로 생활한다. 1만 가지라니! 풍족하고 자유롭다. 꿈꿔온 미래가 비로소 펼쳐졌다. 그럼, 이제 뭐가 남았지?"

벤처기업의 공동 CEO인 '폴(플로리안 데이비드 핏츠)'과 '토니(마치아스 슈와바이어퍼)'는 위층과 아래층에 사는 절친한 친구다. 그러나 성격은 정반대다.

영화는 폴과 토니가 상반되는 아침을 맞는 모습을 보여준다. 토니는 정해진 시간에 일어나서 운동하고, 용모를 가다듬고, 탈모약을 먹으며 산뜻하게 하루를 시작한다. 반면, 폴은 침대에서 뭉그적거린다. 스마트폰으로 쇼핑하고, 포르노를 보며 성적 욕망을 해소한다. 그의 집은 쇼핑한 물건으로 가득 채워져 있다.

두 사람은 낡은 차를 몰고, 목소리를 통해 감정을 인지하는 앱인 '나나'에 대한 투자를 받으러 간다. 거절당하려는 순간, 토니는 앱을 개발하는 동안 폴의 모든 것을 파악했으며, 작은 미끼를 던져주니 151개의 물건을 구매했다고 설명한다.

그들은 400만 유로의 투자 유치에 성공한다. 광란의 파티가 열리고 술에 취하자, 폴은 토니가 프레젠테이션할 때 자신을 절제력 없는 소비자로 매도한 것에 대해서 시비를 걸고, 시비는 내기로 이어진다. 내기에서 지는 사람이 자신의 회사 지분을 직원들에게 나눠주기.

내기 방식은 100일 동안 100가지 물건으로 생존해야 한다. 매일 자정에 하나씩 물건을 추가할 수 있고, 그렇게 물건을 하나씩 더해 100일을 버틴 사람이 게임의 승자가 된다.

술에서 깬 다음 날, 알몸인 상태에서 눈을 뜬다. 집 안에 있던 물건은 직원들이 모두 창고에 집어넣어서 집 안은 텅 비어 있다. 거리에 눈이 내리는데, 그들은 알몸으로 창고를 향해서 달려간다. 폴은 첫 번째 필요한 물건으로 코트를 고르고, 토니는 겉옷으로도 활용할 수 있는 침낭을 고른다.

폴은 기분 내키는 대로 물건을 꺼내오고, 토니는 칠판에 필요한 물건들을 차례대로 적어서 순서대로 꺼내온다. 그들은 날짜가 흐르면서 물건을 소유한 것이 아니라 오히려 물건에 소유 당했다는 사실을 조금씩 깨닫게 된다.

영화감독은 단조로움을 피하고 주제를 부각하기 위해서 루시(미리엄 스테인)라는 여인을 등장시킨다. 토니와 연인이 되는

데 그녀는 화려한 물건에 매혹되어서, 물질적인 욕망의 충족을 위해서는 절도도 서슴지 않는다. 그녀는 사랑에 빠지며 뒤늦게 자기 잘못을 깨닫고 자수한다.

내기가 진행되는 과정에서 두 사람은 훔치고, 싸우다가 진정한 우정의 의미를 깨닫는다. 또한 참된 사랑의 의미를 깨달은 토니는 벌판에서 알몸으로 루시에게 이렇게 고백한다.

"우리는 모두 영혼에 구멍이 있어. 우리는 그 빈 곳을 채우려 하지. 돈, 관심, 물건, 사람으로. 근데 그건 다 개소리야. 결코 채워질 수 없다는 것을 깨달아야 해. 그러면 서로 상처 주지 않겠지. 우린 모두 불완전하니까, 함께할 수 있어."

감독은 알몸 포옹을 통해서 우리에게 진정으로 필요한 것은 더 많은 물건이 아니라 가족이나 연인과의 사랑이라는 사실을 단적으로 보여준다.

이 영화는 현대인의 물질과 소비에 대해서 다시 한번 생각해 보게 한다. 레프 톨스토이의 《사람은 무엇으로 사는가》의 현대 판 버전 같은 느낌이라고나 할까.

미니멀리즘은 물질만능주의 시대를 현명하게 살아가는 하나의 방식이다. 소비할 여력이 없어서 미니멀리즘을 택하는 부류도 있지만 부자 중에서도 미니멀리즘을 선택한 사람이 적지 않다. 프레젠테이션 때마다 검정 터틀넥과 청바지 차림을 고수했던 스티브 잡스가 대표적인 인물이다.

미니멀리즘은 물질은 적게 소유했다는 데 의미가 있는 것이 아니라, 인생의 근본적인 가치를 돌아볼 수 있다는 데 참된 의미가 있다.

과일나무는 추수가 끝난 뒤 가지치기를 한다. 불필요한 영양소가 빠져나가는 것을 막기 위함이다. 병든 가지나 불필요하게 뻗은 가지를 잘라줘야 균형 잡힌 성장을 한다.

봄이 되어서 과일이 열리기 시작하면 이번에는 솎아내기 작업을 한다. 한 가지에 여러 개 매달린 열매 중 자잘한 열매를 쳐내야만 영양분을 집중해서 좋은 열매를 맺게 된다.

혼자 있는 시간을 활용해서 삶의 무기를 만드는 법 중 하나는 가지치기다. 뇌는 채워야 할 때도 있지만 비워야 할 때도 있다. 때로는 뇌를 비움으로써 그 어느 때보다 지혜로워진다.

생각이 너무 많으면 머릿속이 복잡해서 한 가지 일에 집중하기 힘들다. 최대한 단순화시킬 필요가 있다.

일이 너무 많다면 중요하지 않거나, 내가 하지 않아도 되거나, 다음에 해도 되는 일 등은 지워버려라. 그래야 업무 효율을 높일 수 있다.

복잡한 인간관계로 시간을 빼앗기고 있다면 꼭 필요한 관계만 남겨놓고 정리하라. 인맥을 잘 활용하면 성공의 비결이 되기도 하지만 자칫하면 오히려 성공의 걸림돌이 된다.

물건이 너무 많아서 공간이 협소하게 느껴지거나 옷을 고르는 데 적잖은 시간이 걸린다면 미니멀리즘에 대해서 진지하게 생각해보라.

다방면에 재능이 있다면 다른 것은 제쳐놓고 가장 잘하는 것 하나에만 집중하라. 우리 속담에 '열두 가지 재주 가진 놈은 저녁거리가 없다'나 '재주를 다 배우고 나니 눈이 어둡다'라는 말이 있다. 물론 윈스턴 처칠이나 볼프강 폰 괴테처럼 다방면에 뛰어난 사람도 있다. 하지만 일정한 경지에 오르기까지는 하나에 집중하는 것이 좋다.

> 중요한 질문은 '당신이 얼마나 바쁜가?'가 아니다. '당신이 무엇을 하느라 바쁜가?'가 핵심 질문이다.
>
> _오프라 윈프리

현대는 속도전이다. 몸과 마음이 무거워서는 전진할 수도 없고, 제대로 된 싸움을 할 수도 없다. 불필요한 것들을 제거하기만 해도 행복지수가 높아진다.

혼자 있는 시간으로 삶의 무기를 만들고 싶다면 삶을 심플하게 바꿔라. 시야를 가리는 것들은 다 쳐내라. 심플한 삶이 무기가 되는 까닭은 쾌적한 삶을 살 수 있을뿐더러 그 과정을 통해 인생에서 정말 중요한 게 무엇인지 깨달을 수 있기 때문이다.

CHAPTER 5

혼자 있는 시간,
멋지게 즐기기

미지를 향해 출발하는 사람은
누구나 고독한 모험에 만족해야 한다.

_앙드레 지드

마법 같은 시간과 마주하기

책은 늘 우리와 함께 있다. 다락의 낡은 상자 속, 지하실의 잡동사니, 오래된 도서관의 어느 서가들 틈바구니, 가끔은 무덤 속까지, 책은 늘 어디론가 몸을 감춘다. 그러나 언제나 다시 모습을 드러낸다. 벼룩시장뿐만 아니라 다양한 장소에서 서적 애호가들을 매료시키고 꼼짝 못 하게 사로잡아 그들을 소유하고 변화시키려고 드는데, 그렇게 함으로써 책 자체가 현실이 되어 해방이 되고자 하는 것이다.

_알폰스 슈바이거르트, 《책이 되어버린 남자》(비채) 중에서

이 소설은 책을 지나치게 사랑한 나머지 책이 되어버린 '비블리'라는 한 남자의 이야기다. 사람이 책이 된다니, 황당하지 않

은가? 하지만 '인간은 모두 한 권의 책'이라는 발상에서 출발했다고 가정해보면 그리 놀랄 일도 아니다.

이 소설에는 책과 관련된 다양한 명언이 실려 있다. 나 역시 애독자이기에 명언을 읽을 때마다 공감할 수 있었지만, 특히 1912년에 노벨문학상을 받은 희곡작가의 명언이 가슴에 와닿았다.

> 책이란 가장 위대한 세계의 기적 중 하나이며, 무형의 정신을 담는 유형의 그릇이다! 그것은 인류가 공동으로 사용하는 그릇이다.
>
> _게르하르트 하우프트만

독서는 기적이며, 마법과 같다. 데카르트는 말했다.

"좋은 책을 읽는 것은 지난 몇 세기에 걸쳐 가장 훌륭한 사람들과 대화하는 것과 같다."

혼자 있는 시간에 살아 있는 사람들 중 가장 훌륭한 사람들과 대화를 나누고, 이미 죽어버린 사람들 중 가장 훌륭한 사람들을 무덤에서 불러낼 수 있다니, 이보다 대단한 마법이 어디 있겠는가.

좋은 환경에서 태어나서 자랐다면 인생의 방향을 잡기가 쉽다. 그들은 최소한 두 권의 훌륭한 책을 읽은 것과도 같다. 주변 사람들은 차치하더라도 부모가 인생을 살아가는 데 유용한 사상이나 경험을 들려주기 때문이다.

반면 열악한 환경에서 태어나서 자랐다면 인생의 방향을 잡기가 어렵다. 그들은 무지에서 출발한다. 부모의 사상이나 경험이 성공 비결이 아니라, 먹고살기 위한 안간힘에 불과하기 때문이다.

모든 인간의 출발점은 제각각이다. 소문난 독서광인 워런 버핏은 자신의 성공 비결 중 하나로 미국에서 남자가 대우받는 시대에 백인 남성으로 태어난 사실을 꼽았다.

우리는 이상적인 세계를 추구하지만, 현실은 냉혹하다. 대한민국 헌법에서 '모든 국민은 법 앞에 평등하다'고 명기한 것도 현실은 법 앞에 평등하지 않기 때문이고, 국가인권위원회에서 '차별 없는 세상'을 외치는 것도 현실에는 차별이 여전히 존재하기 때문이다.

열악한 환경에서 태어난 사람이 좋은 환경에서 태어난 사람을 따라잡을 유일한 비결은 독서뿐이다. 주변에서는 찾아볼 수도, 쉽게 접할 수도 없는 성공한 사업가 · 철학자 · 과학자 · 투자가 · 예술가 · 교육자 · 운동선수 등등을 만나서, 그들과 진지하게 대화를 나누다 보면 인생에서 마법 같은 일들이 펼쳐진다.

어떤 분야이든 간에 성공으로 가는 관문은 독서다. 독서란 일종의 보물지도 내지는 성공으로 가는 가이드북이다. 독서를 통해서 그쪽으로 가는 길이나 그쪽 세계를 충분히 이해하고 나면 실제로 진입할 가능성이 커진다. 또한 독서하다 보면 지식과 지혜가 쌓여서, 어떤 식으로든 성공적인 인생을 살아가는 데 도움된다.

토니 케이 감독의 2011년 작품인 〈디태치먼트〉는 '교육이란 무엇인가?'에 대해서 다시금 생각해보게 한다.

'디태치먼트(Detachment)'는 분리, 무관심, 거리 두기라는 뜻이다. 영화에서 주인공 헨리(에이드리언 브로디)가 학생들에게 '한번에 반대되는 두 가지 신념을 가지면서 동시에 그 두 가지를 진실이라고 믿는 것'이라는 의미를 지닌 '이중사고(Doublethink)'에 대해 가르치는 장면이 등장하는 것으로 미루어볼 때, 애착이라는 의미를 지닌 '어태치먼트(Attachment)'의 반대말인 분리라는 의미로 사용된 듯싶다.

영화는 기간제 교사인 헨리가 방 안에서 혼자서 시를 쓰며 고독한 시간을 보내는 장면에서부터 시작된다. 이어서 교사라는 직업에 대한 이미지와 교사가 된 이유에 대한 교사들의 인터뷰가 이어진다.

헨리는 문제아들이 모여 있는 폐교 직전의 공립학교에 기간제 교사로 들어간다. 첫 수업에서 그가 학생들에게 처음으로 내준 과제는 '친구나 부모가 너의 장례식에 와서 무슨 말을 할 것인가?'에 대한 에세이를 쓰라는 것이다.

그렇다고 해서 헨리가 〈죽은 시인의 사회〉의 키팅 선생님이나 〈프리덤 라이터스〉의 에린 그루웰 선생님처럼 교육에 대한 열정을 품고 있는 것은 아니다. 그는 별다른 문제 없이 주어진 교과 과정이 끝나기를 바랄 뿐이다.

이 영화 속에 등장하는 인물은 하나같이 '애착'과 함께 '분리'에 대한 공포를 느끼고 있다. 헨리는 어린 시절, 할아버지에게 추행당해 화장실에서 약을 먹고 자살한 어머니를 통해 애착과 분리에 대한 공포를 경험하였다.

노환으로 정신이 오락가락하는 할아버지는 병문안 온 헨리에게 너는 왜 어려서부터 혼자서 고립되어 있었느냐고 묻자, 그의 표정이 차갑게 변한다. 헨리에게 애착과 함께 분리에 대한 공포를 느끼고 있는 할아버지는 이내 곧바로 사과한다.

집으로 가는 길에 헨리는 길거리의 어린 창녀 에리카를 만난다. 굶주리고 상처 입은 그녀를 집으로 데려가서 돌봐준다.

아이들은 불나방처럼 자신을 해친다. 고양이를 가방에 넣고 무참히 죽인 학생에게 기분이 어땠느냐고 묻자, 고양이처럼 덫에 걸린 기분이었다고 말한다.

헨리가 집으로 돌아오니 에리카가 중년 남자를 끌어들여 성매매하고 있다. 헨리는 제발 쫓아내지 말아달라고 애원하는 에리카에게 네가 하고 싶으면 무슨 짓을 해도 되는데, 여기서는 하지 말아달라고 말한다.

아이들은 자신이 무슨 일을 해야 하는지, 무슨 일은 하지 말아야 하는지조차 모른다. 그러나 학교는 학생들의 고민이나 상처보다는 국가 학업성취도 점수를 높이는 데만 관심이 있을 뿐이다. 또한 선생은 선생대로 각자 자신의 문제를 끌어안고서 살아간다.

헨리는 과거의 일을 사실 그대로 인정하고 받아들이기가 두렵다. 임종 직전의 할아버지가 진실을 고백하려고 하지만 헨리는 마치 어머니가 빙의한 것처럼 목소리를 바꿔가며 아무 일도 없었다고 말하고, 할아버지는 자신이 생각하고 있는 것이 사실이 아니었으면 좋겠다고 말한다.

그러자 헨리가 다시 속삭인다.

"아빠, 준비되면 언제든지 가벼운 마음으로 떠나세요. 난 괜찮아요."

예술적인 감수성이 뛰어난 여학생 메르데스는 그 누구에게도 인정받지 못한다. 아이들은 뚱뚱한 돼지라고 놀리고, 부모 또한 그녀의 작품이 어둡다고 화를 내며 살을 빼라고 말한다. 결국 메르데스는 사람들의 눈을 피해서 화장실에서 샌드위치를 먹는다.

유일하게 자신의 편이 되어준 헨리에게 애착을 느낀 그녀는 직접 만들어 온 작품을 보여주며 자신을 사랑하느냐고 묻는다. 헨리는 스승으로서의 사랑을 말하는데, 메르데스는 애착의 대

255

상으로서의 사랑을 말한다. 그가 밀어내자, 분리에 대한 불안과 공포에 빠진 그녀가 필사적으로 매달린다.

그때 같은 선생인 사라가 교실로 들어오며 헨리를 성추행범으로 몰자, 그는 자신을 할아버지와 같은 인간으로 취급하느냐면서 버럭 화를 낸다. 할아버지가 어머니에게 했던 것처럼 자신이 에리카에게 몹쓸 짓을 할까 봐 두려운 마음이 그를 광기에 휩싸이게 한다.

할아버지가 세상을 떠나고 난 뒤, 헨리는 에리카를 청소년보호소로 보낸다. 헨리에게 애착을 느낀 에리카는 사랑을 고백하며, 분리에 대한 불안과 공포로 울부짖는다.

학교에서는 선생들이 부모와의 대화 시간을 마련하지만, 찾아온 사람은 단 한 명뿐이다. 학교에는 부모가 없다.

헨리의 계약직이 끝나는 날에 메르데스는 독약이 든 머핀을 먹고 자살하고, 헨리는 텅 빈 교실에서 사라에게 말한다.

"오늘 깨달았어요. 난 사람이 아니에요. 당신은 여기 있으면 안 돼요. 나는 여기 없어요. 당신은 날 볼 수도 있지만 난 텅 비어 있어요."

장소가 호숫가로 바뀌고, 헨리는 혼잣말로 중얼거린다.

"실패, 우린 모두 실패했어요. 우린 모든 사람을 우울하게 만들고 실패했어요. 우리 자신도 우울해졌고요."

헨리는 에리카를 만나기 위해 청소년보호소를 찾아간다. 무언가를 노트에다 적고 있던 에리카가 달려와서 헨리의 품에 안긴다.

비록 정규 교육은 실패로 끝났지만, 에리카를 통해서 교육의 새로운 가능성을 보여준다. 공감과 우정이 그 대안이 될 수도 있음을.

에리카가 헨리에게 선물한, 그의 중지에 끼워진 반지는 화면에 몇 차례 등장한다. 나는 그 반지를 보면서 진정한 교육이란 어쩌면 우정 같은 것일지도 모른다고 생각했다. 또한 공감이란 '내 상처를 바라보면서 상대방의 상처도 동시에 바라보며 아파하는 것'이 아닐까, 하는 생각과 함께.

영화는 헨리가 폐허가 된 교실에서 에드거 앨런 포의 단편소설 〈어셔가의 몰락〉에 나오는 문장을 낭독하며 끝이 난다.

이 영화는 애착과 분리 뒤에 숨겨진 소통의 중요성에 관해서 이야기하고 있다. 서로가 서로에게 무관심하다 보니 선생은 학생의 마음을 모르고, 학생은 선생의 마음을 모르고, 학생은 학생의 마음을 모르고, 선생 또한 선생의 마음을 모른다.

그들은 같은 공간에서 생활하지만, 서로서로 보지 못한다. 저마다의 상처를 끌어안고서 살아가는 그들은 각자 다른 방에 분리된 외로운 존재일 뿐이다.

나는 선생님이란 한 권의 좋은 책이라고 생각한다. 태어날 때부터 읽을 책이 없었던 열악한 환경에서 자란 아이들에게 좋은 선생님은 훌륭한 대안이 될 수 있다.

불우한 환경에서 자란 아이들은 청소년기를 거치며 방황하게 마련인데, 그 시절에 좋은 선생님을 만나게 되면 인생이 긍정적인 쪽으로 바뀌기도 한다.

영화 〈디태치먼트〉의 초반부에서 선생님들에 대한 인터뷰가 이어질 때 헨리는 이렇게 말한다.

"아이들을 가르치는 이유는 한 가지예요. 바꿀 수 있다고 믿기 때문이죠. 어른이 되기 위해선 가이드가 필요해요. 복잡한 세상의 이치를 알려주는 것도요. 저는 그런 교육을 받지 못했어요."

나 역시 마찬가지였다. 내가 학교에 다니던 시절에도 좋은 책과 같은 선생님이 분명 존재했다. 그러나 희귀했다. 수많은 선생님을 만났지만 동정이 아닌 진심으로, 가난하고 상처뿐인 아이를 쓰다듬고 보듬어준 선생님은 찾아볼 수 없었다.

그 시절 나를 위로해준 것은 가정도, 학교도, 친구도, 이웃도 아니었다. 몇 권의 책이었다. 세상은 사방을 둘러봐도 깜깜한 암흑뿐이었다.

소설의 첫 문장을 읽는 것은 열린 문틈 너머로 한 줄기 빛을 일별하는 것과 같다.

_수잔 와이즈 바우어, 《독서의 즐거움》(민음사) 중에서

그 시절 내가 유일하게 숨통을 틀 수 있었던 세계는 책 속에 있었다. 책은 나를 마법의 세계로 이끌었다.

나의 대화 상대는 별것도 아닌 일로 체벌하고, 잔돈이나 밝히는 시시한 어른들이 아니었다. 헤르만 헤세, 카잔차키스, 도스토옙스키, 톨스토이, 셰익스피어, 서머싯 몸, 사르트르, 하인리히 뵐, 라이너 마리아 릴케, 헤밍웨이, 토마스 만, 보들레르, 랭보, 에밀리 디킨슨 등등의 쟁쟁한 작가였다.

그들은 아무것도 가진 것이 없던 내가 험한 세상을 살아갈 수 있도록 단련시켰다. 절망의 구덩이 속에 나를 밀어 넣었고, 어린애처럼 네발로 기며 징징거리지 말고 일어서라고 소리쳤고, 늙은이처럼 지팡이에 기대서 걷지 말고 허리를 펴고 당당하게 걸으라고 윽박질렀다.

고등학교를 졸업하고 전국의 공사장을 떠돌아다니며 방황하던 시절, 내 손을 붙잡아준 존재도 그들이었다. 마지막 페이지를 읽고 책장을 덮어버렸다고 해서 그들과 영영 이별한 것은 아니었다. 그들의 목소리는 여전히 내 의식 깊은 곳에서 살아 숨 쉬고 있었다.

스티븐 킹은 장편소설《나중에》에서 '책은 휴대가 가능한 특별한 마법이다'라고 말한다. 나 역시 그의 의견에 동의한다.

내 인생에서 가장 행복했던 시절은 대학 4학년 여름방학 때였다. 졸업을 앞두고 있던 나는 생활비나 취업에 대한 걱정도

미뤄둔 채 석 달 남짓 독서삼매경에 빠졌다. 새벽에 눈을 떠서 한밤중에 잠이 들 때까지 마법 속에서 수많은 작가를 만나 대화를 나눴다. 이동하면서도 대화를 나눴고, 식당에서 밥을 먹으면서도 대화를 나눴다.

그중에는 작가는 물론 사상가, 과학자, 화가, 음악가, 철학가도 있었다. 그들은 '어른의 삶'이라는 한 번도 걸어본 적이 없는 길을 걸어가려는 나에게 훌륭한 조언을 아끼지 않았다.

물론 그 뒤로도 틈틈이 독서하고 있지만 마치 내가 책, 그 자체가 되어버린 것처럼 온전히 독서에 몰입하기는 어려웠다. 그럼에도 독서는 여전히 매혹적이다. 책을 읽다 보면 작가들과 토론하기도 하는데, 나 혼자서는 도저히 갈 수 없는 더 넓은 세계로 데려가기도 한다.

혼자 있는 시간을 멋지게 보내는 방법 중에서 빼놓을 수 없는 것이 독서다. 마법 같은 시간을 보내고 싶다면 주저하지 말고 독서에 몰입하라. 그 시간이 모이게 되면 어느 날, 당신의 인생에서 마법 같은 일들이 펼쳐지리라.

탈출에서 발견까지

왜 쓰는지는 나도 모릅니다. 답을 안다면 아마 쓸 필요가
없겠죠. 하지만 쓸 수밖에 없기 때문에 쓰는 겁니다. 우리
가 글쓰기를 선택하는 게 아니라 글쓰기가 우리를 선택하
는 겁니다.

_폴 오스터,《글쓰기를 말하다》(인간사랑) 중에서

폴 오스터는 1947년생으로서 미국에서는 드문, 순수문학을
대표하는 작가이다. 그는 서평을 쓰고 번역하다가 시를 쓰기 시
작했고, 소설가가 됐다. 유명 작가가 되고 나서는 영화 각본도
썼고, 4편의 영화를 연출하기도 했다.

이 책은 글쓰기에 대해 저자가 직접 쓴 게 아니다. 1985년부

터 2010년까지의 인터뷰 모음집이다. 그의 작품에 관한 내용을 근간으로 했지만, 그의 책을 읽어보지 않았다고 하더라도 유명 작가의 인생관과 철학, 그리고 글쓰기에 관한 생각과 태도를 엿볼 수 있다는 점에서 한 번쯤 읽어볼 만하다.

폴 오스터의 글쓰기는 '작가'라는 직업인의 입장에서 말하고 있다. 그는 모눈종이 공책에 글을 쓴다. 더 이상 손볼 곳이 없다는 느낌이 들 때까지 고쳐 쓴 뒤, 타자기로 원고를 정리한다. 그에게 글쓰기는 정신노동인 동시에 육체노동인 셈이다.

컴퓨터나 노트북 같은 편리한 도구가 있음에도 그는 왜 여전히 아날로그 방식을 선호하는 것일까. 그것은 아마도 글쓰기에 대한 무의식의 발로가 아닐까 싶다.

그는 작가가 되려면 고독을 사랑하는 취향을 지녀야 한다고 말한다. 또한 작가는 상처 입은 영혼을 지니고 있으며, 글쓰기 이외에는 아무것도 할 줄 모르는 무능력자로서, 정상에서 벗어난 인간이라는 것이 그의 생각이다.

> 글쓰기는 치료의 한 형태다. 글을 쓰거나 작곡을 하거나 그림을 그리지 않는 사람은 인간의 상황에 내재해 있는 광기, 우울증, 극도의 두려움을 어떻게 피하는지 궁금해지곤 한다.
>
> _그레이엄 그린

262

작가에 대한 폴 오스터의 생각은《권력과 영광》,《제3의 사나이》등을 쓴 영국 작가 그레이엄 그린과 맞닿아 있다.

글쓰기의 장점 중 하나는 '내적 성장'이 가능하다는 점이다. 좋은 글을 쓰려면 심해와 같은 내면 깊은 곳으로 잠수하게 되고, 그 과정을 통해서 나 자신에 대한 이해의 폭이 넓어진다. 오래된 상처가 치유되기도 하고, 광기나 우울증 혹은 알 수 없는 두려움 같은 것들로부터 탈출하기도 한다.

또한 글을 쓰다 보면 새로운 발견을 할 때도 있다. 눈으로 보는 세계, 말로 표현하는 세계, 생각하는 세계는 각기 다르다. 좋은 글을 쓰기 위해 생각에 생각을 거듭하다 보면, 내가 알고 있던 세계에 대한 새로운 해석이 가능해진다. 그것은 나 자신에 대한 것일 수도 있고, 내가 몸담은 세상이나 그 너머의 세상에 관한 것일 수도 있고, 행복이나 사랑에 관한 것일 수도 있다.

글쓰기의 장점은 스펙트럼이 넓다. 탈출에서부터 발견까지 인생을 살아가는 데 여러모로 도움 된다.

사실 글쓰기는 독서의 연장선상에 놓여 있다. 책을 꾸준히 읽다 보면 직접 써보고 싶은 것이 인간의 심리다.

앨런 베넷의《일반적이지 않은 독자》는 2007년에 발표되었고, 한국에는 2010년에 번역 출간되었다. 중편소설 분량인데 얼마 전에 세상을 떠난 영국 여왕인 엘리자베스 2세가 주인공이다.

여왕의 본분 중 하나는 세상일에 관심을 가져야 하지만 한 가지 취미에 푹 빠져서는 안 된다. 그런데 여왕이 독서에 푹 빠져버렸다.

일반적이지 않은 독자에서 일반적인 독자가 되어서 책을 탐미하던 여왕은 끝내는 글쓰기 단계로 접어든다. 독서로 채워지지 않는 갈증을 해소하기 위해 글을 쓰고, 작가가 되려고 마음을 먹는다.

> 책을 쓰는 일은 자신의 인생을 적는 것이 아니다. 자신의 인생을 발견하는 것이다.
>
> _앨런 베넷,《일반적이지 않은 독자》(문학동네) 중에서

리처드 라그라브네스 감독의 2007년 개봉작〈프리덤 라이터스〉는 실화를 각색한 영화이다. 스물세 살의 초임 교사 에린 그루웰이 자신이 지도했던 150명의 학생이 쓴 일기를 엮어 1999년 미국에서 출간한《프리덤 라이터스 다이어리》가 원작이다.

이 영화는 제자 150명 중 11명의 캐릭터를 뽑아낸 뒤, 4명 정도를 주요 인물로 선정해서 영화화하였다.

시대적 배경은 인종 갈등으로 폭력과 살인이 난무하던 1990년대다. 한 여교사가 독서와 글쓰기를 통해서 학생들의 가치관과 삶을 변화시켜 나아간다는 내용이다. 우리의 삶에서 독서와

글쓰기가 왜 필요한가를 단적으로 보여준다.

영화는 1992년 LA 폭동부터 시작된다. 4월 29일부터 5월 4일까지 6일 동안 방화와 약탈이 일어났으며, 사망 55명, 부상 2,400여 명, 재산 피해 7억 1천만 달러라는 막대한 피해로 이어진 이 폭동은 인종 차별에서 비롯되었다.

정지 명령을 무시하고 도주한 흑인 운전자를 체포하는 과정에서 백인 경찰관들이 무차별 집단 구타했는데, 이들에게 무죄 판결이 내려지자, 폭동으로 번졌다. 이 과정에서 흑인 지역 내 한인 상인과 흑인 간의 오래된 갈등이 분출되면서 LA 한인사회가 큰 피해를 봤다.

전쟁터와 같은 폭동 장면의 뒤를 이어서 학생들이 쓴 글 가운데 하나인 '에바의 일기'가 내레이션과 함께 시작된다.

길거리에서 세차하던 동네 오빠가 총에 맞아 죽고, 경찰은 평등을 위해 투쟁하는 아버지를 갱단이라며 붙잡아 간다. 라틴 계통인 에바는 할아버지, 아버지의 뒤를 이어서 갱단이 된다. 흑인, 백인, 라틴, 아시안 계통의 아이들이 인종, 자긍심, 명예를 위해서 거리에서 서로 보복과 총질을 일삼는다.

1994년 캘리포니아 롱비치 윌슨 고등학교에 에린 그루웰(힐러리 스웽크)이 9학년 영어 교사로 부임한다. 학과장은 2년 전에 왔으면 좋았을 텐데, 아쉽게도 자발적 화합 프로그램 때문에 우수 학생 중 75%가 전학을 가버렸다고 말한다.

그러자 그녀는 이렇게 말한다.

"전 화합정책이 마음에 들어서 이 학교에 왔어요. 새로운 시도를 한다는 것이 흥미롭잖아요. 아버지가 민권운동에 참여하셨죠. 텔레비전에서 LA 폭동을 봤는데 당시에는 법대에 갈까, 생각 중이었어요. 그런데 이런 생각이 들더군요. '변호사가 돼서 아이들을 변호해줄 때면 너무 늦겠구나.' 진정한 변화는 교실에서부터 시작되어야 한다고 느꼈죠."

꿈꾸어왔던 교사라는 직업에 대한 기대감에 들떠서 빨간색 투피스를 입고 진주 목걸이를 찬 에린은 설레는 마음으로 첫 수업을 기다린다.

교실 안의 아이들은 각종 파벌로 나뉘어져 있다. 첫 수업은 교실에서 벌어진 작은 싸움으로 끝이 난다. 그러다 얼마 뒤 학교에서 인종 간의 패싸움이 일어나고, 바지춤에 총을 숨기고 있는 학생을 발견한 그녀는, 현실은 자신이 꿈꿨던 것과는 많이 다르다는 사실을 깨닫는다.

아이들은 학교 안에서도 싸우고, 학교 밖에서도 싸운다. 에바는 한인 슈퍼마켓에 들어갔는데, 같은 차를 타고 왔던 친구가 흑인을 향해 총을 쏘고, 총알이 빗나가면서 아시아계 학생이 맞아 숨진다. 날아오는 총알을 피해서 달아나던 흑인은 살인 용의자로 체포되고, 주요 목격자인 에바는 경찰에서 같은 동족을 위해 거짓말을 한다.

수업 시간 중에 흑인에 대한 인종차별적인 그림을 발견한 에린은 나치야말로 진정한 갱이라며 홀로코스트에 관한 이야기를 늘어놓는다. 그러나 홀로코스트에 대해서 아는 학생은 단, 한 명뿐이다. 이번에는 총격의 대상이 되어본 적이 있는 사람은 손을 들라고 하자 백인 학생 한 명을 제외한 모든 학생이 손을 든다.

에린은 독서를 통해 학생들의 가치관을 바꿔보려고 시도한다. 그러나 학과장은 복종과 규율을 가르치라고 말하고, 다른 선생은 학교가 소년원처럼 변해버렸다며 자신의 생존이 최우선이라고 말한다. 아무것도 모르면 제발 가만히 있으라면서.

수업을 시작하면서 에린은 교실 한가운데 테이프로 줄을 그어놓은 뒤, 질문할 테니 해당하는 사람은 줄 앞에 서라고 말한다. 유명 가수의 음반을 갖고 있느냐는 가벼운 질문에서부터 시작해서 총에 맞아 죽은 친구가 있느냐는 무거운 질문으로 이어진다.

학생 대다수가 줄 앞에 나오는데, 그중에는 친구를 넷 이상 잃은 아이도 적지 않다. 에린은 먼저 죽은 친구들의 이름을 부르며 명복을 빌라고 한 뒤 노트를 한 권씩 나눠준다. 항상 펜을 갖고 다니며, 매일 쓰고 싶은 것이 있으면 무엇이든지 써보라고 하면서.

학부모의 밤이 열린다. 그러나 에린의 203호 교실에는 아무도 찾아오지 않는다. 혹시나 해서 캐비닛을 열어본다. 그녀가 읽어보기를 원한다면 캐비닛에 공책을 넣어두라고 했는데, 캐비닛 안에는 공책이 수북이 쌓여 있다.

아이들은 사연은 다채롭다.

가정 폭력에다 월세를 못 내 쫓겨나서 콘크리트 바닥에서 자고, 어렸을 때 총기를 갖고 놀던 친구가 스스로 쏜 총에 맞아 죽었는데 자신은 소년원에 가고, 열여섯이지만 장의사보다 더 많은 시체를 봤으며 그들 중 상당수가 친구이고, 캄보디아 전쟁을 겪은 아버지의 외상 후 스트레스 증후군으로 말미암아 언제 아버지 손에 죽을지 몰라 어머니와 함께 불안에 떨고, 갑작스러운 패싸움으로 많은 친구를 잃었으며 목숨을 걸고 총격전을 벌여야 하지만 그것은 그만한 가치가 있다는 등등의 이야기가 쓰여 있다.

에린은 공책을 아버지에게 보여준다. 아버지는 단지 일이라며 교사직은 1년만 하고 다른 일을 해보라고 권한다. 성공은 경험에서 비롯된다면서.

아이들을 변화시킬 방법을 찾던 에린은 백화점 아르바이트를 해서 학생들에게 책을 사준다. 또한 아이들을 견학시키기 위해서 호텔 접수원으로도 일하기 시작한다.

홀로코스트의 비극을 알리기 위한 '관용의 박물관'에 견학을 가고, 아이들은 참혹한 죽음 앞에 숙연해진다. 에린은 홀로코스트 생존자들을 호텔 만찬회에 초대해서 아이들과의 만남을 주선한다.

아이들은 점점 변해가기 시작한다. 에린의 교육에서 삶의 희망을 찾고, 종족과 파벌이 다르다는 이유로 증오했던 아이들이 서로의 이야기에 공감하며 우정을 쌓아간다.

에린은 2학기 수업 교재로 책 네 권을 나눠준다. 아이들은 '안네의 일기'를 읽으며 비슷한 또래의 안네 프랑크에게 동질감을 느낀다. 새삼 나이와 수준에 맞는 독서의 중요성을 깨닫게 하는 장면이다.

에린은 과제로 안네 프랑크 가족을 숨겨준 미크 히스에게 편지를 쓰라고 한다. 그녀는 안네의 가족을 도왔고, 안네가 일기를 쓸 수 있도록 종이와 펜을 가져다준 소녀이다. 안네의 가족이 발각되어서 아우슈비츠로 끌려간 뒤에는 일기장을 보관하였고, 훗날 그 원고를 안네의 아버지에게 건네줘서 책으로 출간되기까지 결정적인 공헌을 했다.

학생들은 기금을 모아서 그녀를 초대하자고 제안한다. 롱비치 식당의 도움을 받아서 '변화를 위한 시식회'를 열고, 에린과 아이들의 사연이 지역 신문에 오르내리면서 연사 초청을 위한 댄스 콘서트도 성황리에 끝을 맺는다.

에린은 암스테르담에 있는 미크 히스에게 편지를 보내고, 마침내 그녀가 학교로 찾아온다. 그녀는 독일군이 몰려와서 안네 프랑크 가족을 잡아가던 1944년 8월 4일에 대해서 생생하게 들려준다.

강연이 끝나자, 마커스가 손을 들고 이렇게 말한다.

"나에게는 영웅이 없었어요. 당신이 나의 영웅이에요."

그러자 미크 히스는 이렇게 말한다.

"아냐, 젊은 친구 그렇지 않아. 내가 한 일들은 그게 옳은 일들이기에 한 것뿐이야. 단지, 그것뿐이야."

그녀는 평범한 비서든, 주부든, 10대든 간에 그들만의 소박한 방식으로 어둠 속에서 불을 켜서 어두운 방을 밝힐 수 있다며 이렇게 덧붙인다.

"너희들이 영웅이야. 매일 영웅으로 살고 있잖아."

여담이지만 학교로 초대했을 당시 미크 히스는 여든다섯 살이었다. 그녀는 백 살이던 2010년 노환으로 세상을 떠났다.

길거리를 떠돌아다니던 마커스는 집으로 돌아가고, 아버지도 어머니도 동족을 보호하기 위해서 거짓말하라고 종용했지만 에바는 갈등 끝에 법정에서 진실을 털어놓는다.

에바는 동족을 배신했다는 이유로 총을 든 갱단에게 쫓기게 된다. 달아나는 그녀를 붙잡은 갱단은 그녀의 아버지를 봐서 살려주겠다면서, 배신자의 삶이 얼마나 고통스러운지 알게 될 것이라며 경고한다.

가정보다 학교생활에 충실했던 에린은 남편과 이혼한다. 그녀가 원했던 이혼은 아니었다. 상심에 빠진 그녀에게 아버지는 이렇게 말한다. 너는 훌륭한 교사이며, 짐을 지는 축복을 받았다면서 존경의 뜻을 전한다. 딸에게 진심으로 이런 고백을 할 수 있는 아빠가 세상에 얼마나 되겠느냐면서.

이 영화는 눈높이 교육의 중요성과 함께 '치유의 글쓰기'에 대해서 말하고 있다. 인간의 유전자 속에는 문제점을 발견하면 그것을 해결하려는 본능이 숨겨져 있다. 우리는 모두가 크고 작은 상처를 안고 살아간다. 비록 칠흑 같은 어둠 속에서 신음하고 있을지라도, 글을 쓰다 보면 자신의 문제점을 발견하고, 그것을 해결하려는 방법을 모색하게 된다.

글쓰기는 지난날의 상처를 치유함과 동시에 더 나은 삶을 향해 나아가게 한다.

나는 중학교 2학년 봄에 처음으로 창작 글을 썼다. 한국문학전집을 끼고 살다시피 하던 시절이었다. 국어 수업이 4교시였는데, 수업 중 문득 글을 써보고 싶은 욕구가 구토처럼 치밀어 올랐다.

점심을 후다닥 먹고, 뒷산으로 갔다. 그루터기에 앉아서 노트에다 생각나는 대로 휘갈겨 썼다. 원고지 20매 남짓 분량의 논픽션과 에세이와 소설이 뒤섞인 정체불명의 글이었다.

점심시간이 끝나는 줄도 모르고 글쓰기에 몰입했다. 마침내 마침표를 찍었을 때 가슴에 얹혀 있던 무언가를 토해낸 듯 후련했다.

한 번도 체험해보지 못했던 묘한 기분이었다. 나는 그 상태에 좀 더 머물러 있고 싶었다. 그러나 시간이 얼마나 흘렀는지 알 수 없어 불안했다. 수업 시작 종소리를 들었던 것 같기도 했다. 좀 더 앉아 있고 싶다는 생각과 교실로 돌아가야 한다는 생각이 충돌했다. 나는 천천히 일어나서 숲을 빠져나왔다.

50분, 아니 60분쯤 흘렀을까?

짧은 시간이었지만 숲에 들어서기 전과는 다른 사람이 된 기분이었다. 소수의 사람만 아는 인생의 비밀을 훔쳐본 것 같았고, 좀 더 성숙해진 듯해서 나 자신이 자랑스러웠다.

그 뒤로도 점심시간을 이용해서 틈틈이 글을 썼다. 노트에 적힌 글이 하나씩 늘어날 때마다 가슴은 알 수 없는 희망으로 설레었다.

돌이켜보면 그것은 글이 아니라 내가 살아가야 하는 이유였다. 어둠뿐인 세상에 비치는 한 줄기 빛이었다.

나는 먼 길을 돌아서, 중앙대학교 예술대학 문예창작학과에 입학했다. 동기 중에는 전국 백일장을 휩쓸다시피 한 친구도 있었지만, 열정만 갖고서 입학한 친구도 있었다.

수업에 참여하기 위해서는 소설이든 시든 써내야 했다. 그러나 아예 글을 쓸 줄 모르는 친구도 있었다. 창작 글을 쓰기 위해서 그들이 처음에 했던 것이 필사였다. 시를 쓰고 싶으면 좋아하는 시를 필사했고, 소설을 쓰고 싶으면 좋아하는 소설을 필사했다.

> 필사는 책을 되새김질하는 과정이에요. 단순히 글자를 쓰는 데 끝나지 않고, 통독을 하면서 옮겨 쓰는 것이기 때문에 책을 백 번 읽는 것보다, 한 번 필사하며 읽는 것이 효과적이기 때문이죠.
>
> _조정래

필사는 글쓰기에 여러모로 도움 된다. 서머싯 몸 또한 《서밍업》에서 좋은 문체를 갖기 위해서 필사했던 경험을 솔직하게 털어놓고 있다.

그는 성서 가운데서도 솔로몬의 시편을 열심히 읽었고, 감동적인 표현을 기록했다. 또한 제레미 테일러의 문체를 익히기 위해서 《성스러운 죽음》을 필사하며 암기하였고, 기억을 되살리며 문장을 다시 써보았다. 스위프트의 산문에 매료되었던 그는 같은 방법으로 《통 이야기》를 필사하였고, 또다시 드라이든의 산문에 매료되었다.

세월이 흐르자, 서머싯 몸은 자신의 장단점을 알 수 있었다. 단점은 서정성이 없고, 은유와 직유에 약하고, 상상력도 빈약하다는 것이었다. 장점은 예리한 관찰력을 갖고 있어서 다른 사람이 보지 못하는 것을 볼 수 있고, 논리적인 판단력이 있어서 그것을 명확하게 표현해낼 수 있다는 것이었다. 결국 그가 목표로 삼은 것은 명료성, 간결성, 듣기 좋은 어조였다.

글쓰기가 세상에서 가장 어려운 일 중 하나라고 생각했던 서모싯 몸도 꾸준한 노력으로 대가의 경지에 올랐다.

> 글쓰기를 시작할 때까지는 그것을 통해 무엇을 터득하게 될지 알 수 없다. 당신은 글쓰기를 통해 그런 것이 있는 줄도 알지 못했던 진실들을 알아차리게 된다.
>
> _애니타 브루크너

혼자 있는 시간을 멋지게 즐기고 싶다면 글쓰기를 시작하라. 처음에는 편지도 괜찮고, 일기여도 상관없다. 군이 도서관이나 서재가 아니어도 상관없다. 퇴근 시간이든 주말이든 간에 한적한 공원이나 카페에 앉아서 글을 쓰다 보면 오래된 상처를 치유할 수 있고, 새로운 인생을 발견할 수 있다.

알베르 카뮈, 앙드레 말로, 헤밍웨이, 사르트르와 보부아르, J. K. 롤링을 비롯한 수많은 작가가 카페에 죽치고 앉아서 글을 썼다.

혹시 아는가? 당신의 상상이 현실이 되어서 J. K. 롤링보다 더 많이 팔린 베스트셀러 작가가 될지 말이다.

나를 만나는 슬픔과 기쁨

우리가 우리 자신과의 동행을 피할 수 없다는 사실은 분명하다. 길을 나설 때 우리의 영혼 속에 담겨 있던 것들은 여행에서 돌아올 때쯤이면 열 배 정도 더 커져 있게 된다. 우리 안에 있던 고통과 상처, 권태와 번민, 아픔과 불행, 슬픔과 우울은 여행을 하는 도중에 점점 더 확대된다. 세계일주 여행을 한다고 해도 이런 것들은 치유되지 않는다. 오히려 그 반대로 정점에 달하게 되고, 우리는 그 깊은 구렁텅이 속으로 점점 더 빠져들게 된다. 여행은 우리에게 치료제로 작용하기보다는 우리 존재에 대해서 정의해주고, 우리가 존재할 수 있는 방법을 찾게 해준다.

_미셸 옹프레, 《철학자의 여행법》(세상의모든길들) 중에서

여행은 언제부터 시작된 것일까?

과거에는 어떤 의미가 있었고, 현재는 어떤 의미를 지니고 있을까?

제대로 된 여행을 위해서는 뭘 준비해야 할까?

프랑스의 대중 철학자인 저자는 이러한 궁금증을 자신만의 방법으로 풀어헤치고 있다. 이 책은 인류의 삶의 방식을 정착민과 유목민으로 나눈다. 아벨의 후손인 정착민은 안락한 삶을 누리는 대신 권력에 길들고, 카인의 후손인 유목민은 기존 체제와의 저항을 통해서 자유를 얻는다.

여행은 개인을 옭아매는 사회 규범에 대한 저항이라는 시각이 새롭다. 여행 전반에 대한 철학자의 다채로운 생각이 담겨 있는데, 책이 얇아서 부담 없이 읽어볼 만하다.

저자는 여행을 떠나기 전에는 독서를, 돌아와서는 글쓰기를 권한다. 여행지와 관련된 소설이나 에세이, 시를 읽으면 설렘과 욕망을 키울 수 있다고 한다. 또한 고장 나 있던 우리의 감각은 여행하는 동안 온전히 되살아나는데, 글로 정리할 때 빛나는 추억을 내 것으로 만들 수 있으며, 영혼을 변화시킬 수 있다고 한다.

여행에 대한 시각은 다채롭기에 저자의 모든 의견에 동조하지는 않지만, 우리의 몸속에는 유목민의 피가 흐르고 있다는 생각에는 전적으로 동의한다.

오늘날 여행에 대한 낭만은 자본주의가 낳은 환상이라는 시각도 있지만 나에게 여행은 나를 만나는 고독한 시간이다.

나는 여러 사람이 함께하는 여행보다는 혼자 하는 여행을 선호한다. 여행은 그 자체로 고독해서, 사람들과 함께 웃고 떠들며 시간을 보내면 즐겁기는 하지만 왠지 소중한 것을 놓쳐버린 것만 같은 기분이 들기 때문이다.

2003년에 출간된 베르나르 올리비에의 《나는 걷는다》는 한국에 걷기 열풍을 불러온 작품이다. 지금은 걷기가 대세지만 그당시 한국에는 마라톤이 붐이었다. 공원은 물론이고 도로에서도 마라톤을 즐기는 사람들을 쉽게 찾아볼 수 있었다.

신문기자였던 저자는 정년퇴직한 뒤, 예순둘의 나이에 15킬로그램의 배낭을 짊어지고 실크로드를 따라 터키 이스탄불에서 중국 시안까지 12,000킬로미터를 걸었다. 이 책은 무려 1,099일 동안의 여행기다.

> 홀로 외로이 걷는 여행은 자기 자신을 직면하게 만들고, 육체의 제약에서 그리고 주어진 환경 속에서 안락하게 사고하던 스스로를 해방시킨다. 순례자들은 아주 긴 도보여행을 마친 후엔 거의 예외 없이 변모된 자신의 모습을 느낀다. 이는 그들이 그토록 오랫동안 스스로를 직면하지 않았다면 아마도 발견할 수 없었을 자신의 일부를 만났기 때문이다.
>
> _베르나르 올리비에, 《나는 걷는다》(효형출판) 중에서

여행서는 대개 얇은데 이 책은 원제인 '대장정'에 걸맞게 두툼하다. 한 권이 아닌 세 권이나 되고, 느리게 흘러가는 풍경임에도 눈을 뗄 수 없는 웅장한 힘이 있다.

도보여행의 매력을 느껴보고 싶다면 올리비에 블레이즈의 《내가 걸어서 여행하는 이유》, 실뱅 테송의 《여행의 기쁨》을 함께 읽어보길 권한다.

"나에게 남은 날이 단 하루거나 일주일, 한 달뿐이라면 무엇을 하겠는가?"

마이클 맥고완 감독의 〈원 위크〉는 이런 내레이션과 함께 시작된다.

결혼을 석 달 앞두고 있던 벤 타일러(죠수아 잭슨)는 암 진단을 받는다. 진행 상태는 4기, 생존율은 1할, 생존 시기는 2년 이하라는 시한부 선고를 받게 된다.

병원을 나온 벤은 충동적으로 오토바이를 산다. 커피를 마신 뒤 종이컵을 벗기면 나오는 문구를 확인해본다. '서쪽으로 가라'는 메시지가 마음을 흔든다. 그는 약혼녀인 사만다의 만류에도 이틀 동안의 여행길에 오른다.

바이크를 타고 캐나다의 대자연을 가르며 달린다. 관광 명소에서는 사진도 찍고, 경치가 좋은 곳에서는 잠시 바이크를 세워놓고 휴식을 취한다. 그러나 그것도 잠시, 내가 도대체 낯선 곳에서 뭐 하는 짓인가 싶어진다.

집으로 돌아가려다가 자전거로 캐나다를 횡단 중인 두 청년을 만난다. 고작 맥주 한 상자 내기에서 서로 지지 않으려고 여행을 이어가는 그들을 보고 나자 다시 마음이 바뀌어서 서쪽으로 계속 달려간다.

그러다 벤은 사만다가 가방 속에 넣어놓은 노트 한 권을 발견한다. 그가 어렸을 때 쓴 '그럼프를 찾아서'라는 그림동화다. 아버지는 그럼프가 실재하며, 한 번 보기만 해도 큰 행운이 온다고 수시로 말하곤 했다. 그는 그럼프를 찾겠노라 마음먹는다.

암에 걸렸으나 회복해서 행복하게 살아가는 사람도 만나고, 키스하면 행운을 가져다준다는 스탠리컵에도 입맞춤한다.

그러나 현실 속에서는 행운이 아닌 불운의 연속이다. 바이크는 시동이 걸리지 않고, 전화도 터지지 않는다. 벤은 참았던 분노를 터뜨린다.

힘없이 걸어가다 풀숲에 죽어 있는 개를 발견하고, 목걸이에 새겨져 있는 주인에게 전화한다. 두 번 이혼을 하고, 스무 살 된 딸과 네 살 된 손녀가 있다는 여인의 도움으로 바이크를 고치고, 여행을 계속 이어간다.

로드킬을 당한 동물의 사체 위를 지나가다가 바이크가 전복된다. 잠깐 풀숲에 기절했다가 의식을 찾은 벤은 생존의 기쁨에 춤을 춘다.

자연은 말이 없다. 무심히 스쳐 지나가는 풍경으로 말미암아 여행도 시들해질 무렵, 숲을 산책하다가 길을 잃고, 낯선 여인을 만난다. 캠프파이어를 하며 노래를 부르다 보니 매 순간이 소중하다는 생각이 든다. 그는 그녀와 사랑에 빠져서 달콤한 하룻밤을 보낸다.

로키산맥에 자리한 벤프로 사만다가 찾아온다. 의미 없는 말다툼만 하다 헤어지고, 벤은 계속 여행을 이어간다. 몸은 점점 쇠약해진다. 레스토랑에서 힘겹게 식사하는 동안 후진하던 트럭이 바이크를 부서뜨리고 만다. 그는 모든 게 박살 났다는 생각에 오열한다.

서핑하던 벤은 바닷물을 박차고 날아오르는 거대한 물고기를 본다. 그럼프다! 그 누구도 생김새를 알 수 없다고 했지만, 그 순간 아버지 말씀대로 그것이 그럼프임을 단박에 알아챈다. 그는 약혼녀와 가족이 기다리고 있는 집으로 돌아간다.

벤은 여행을 떠나기 전과 무엇이 달라졌을까?

'여행은 우리에게 치료제로 작용하기보다는 우리 존재에 대해서 정의해주고, 우리가 존재할 수 있는 방법을 찾게 해준다'는 미셸 옹프레의 말처럼, 그 역시 자신이 처한 현실을 받아들이는 방법을 터득한 것이 아닐까.

진정한 여행이란 새로운 풍경을 보는 것이 아니라, 새로운 눈을 가지는 것이다.

여행은 아는 만큼 보이게 마련이다. 그런 의미에서 본다면 로드무비 역시 마찬가지다. 나는 밴쿠버에서 토론토까지 자동차를 몰고 횡단한 적이 있다. 벤이 바이크로 달리던 바로 그 길이어서 정겹기도 하고 그립기도 했다.

한 가지 아쉬운 점이 있다면 영화를 왜 겨울에 찍었는가, 하는 점이다. 영화 대사에도 나오지만, 캐나다는 세상에서 가장 아름다운 나라 중 하나다. 멋진 대자연과 어우러진 봄, 여름, 가을의 풍광이 일품이다. 시한부 인생을 선고받은 벤 타일러의 심리 상태를 드러내기 위함이라 할지라도, 스토리 못지않게 영화 속의 풍경을 사랑하는 나로서는 여러모로 아쉬움이 남는 영화였다.

인생도 그렇지만, 여행 또한 그 자체로 고독한 일이다. 혼자 있는 시간을 멋지게 즐기고 싶다면 여행은 훌륭한 선택이다.

고독한 여행자 중에는 깊은 영혼의 우물을 지닌 사람들이 더러 있다. 그들은 니코스 카잔차키스의 《그리스인 조르바》에 나오는 조르바처럼 슬픔을 기쁨으로, 상처를 삶의 의지로 바꿔주기도 한다.

50년간 세계를 여행하고, 40년간 글을 써온 여행 문학의 거장이자 소설가인 폴 서루는 《여행자의 책》에서 '당신만의 여행을 위한 10가지'를 제시한다.

'집을 떠나라. 혼자 가라. 가볍게 여행하라. 지도를 가져가라. 육로로 가라. 국경을 걸어서 넘어가라. 일기를 써라. 지금 있는 곳과 아무 관계가 없는 소설을 읽어라. 굳이 휴대전화를 가져가야 한다면 되도록 사용하지 마라. 친구를 사귀어라.'

고독한 여행에는 '나'와의 만남이 예정되어 있다. 나를 만나서 슬프고, 나를 만나서 기쁜 것이 여행의 묘미가 아닐까 싶다.

물론 인생에 우연이 개입하듯, 제대로 된 여행이라면 예정대로 흘러가지는 않는다. 하지만 그렇다고 한들 무엇이 달라지겠는가.

> 인생과 여행은 그래서 신비롭다. 설령 우리가 원하던 것을 얻지 못하고, 예상치 못한 실패와 시련, 좌절을 겪는다 해도, 우리가 그 안에서 얼마든지 기쁨을 찾아내고 행복을 누리며 깊은 깨달음을 얻기 때문이다.
>
> _김영하, 《여행의 이유》(문학동네) 중에서

여행의 슬픔과 기쁨은 오로지 발견하는 자의 몫인 것을!

행복 복원 시스템 만들기

신경과학자들은 엔도카나비노이드를 두고 '근심을 없애고 행복을 선사하는' 화학물질이라고 말한다. 즉 이는 운동의 짜릿함, 엑서사이즈 하이(Exercise high)가 당신의 뇌에 행하는 일에 관한 첫 번째 단서를 제공한다. 편도체와 전액골 피질 등 스트레스 반응을 조절하는 뇌 부위에는 엔도카나비노이드 수용체가 풍부하다. 이 수용체에 엔도카나비노이드 분자가 걸려들면, 불안감은 줄어들고 만족한 상태가 형성된다. 또 엔도카나비노이드는 뇌의 보상체계에서 도파민을 증가시켜 낙관적 감정을 부추긴다.

_켈리 맥고니걸, 《움직임의 힘》(안드로메디안) 중에서

켈리 맥고니걸은 스탠퍼드대학교 심리학 강사로,《스트레스의 힘》등을 써낸 유명 작가이다. 이 책은 인류학·심리학·생물학 자료 등을 근거로 운동을 하면 왜 행복감을 느끼고, 삶에 희망을 품게 되고, 함께 운동한 사람들에게 친밀감을 느끼고, 용기가 샘솟는지를 차분하게 설명하고 있다.

인류는 수렵과 채집으로 오랜 세월 살아왔다. 생존을 위해서는 식량 확보가 최우선이었기에 개인의 자유보다는 단체 행동이 우선이었다. 따라서 사회적인 인간이 되어야 했고, 몸을 계속 움직여야만 했다. 과학자들은 달리기할 때 느끼는 '러너스 하이'는 고된 수렵과 채집에 대한 신체적, 정신적 고통에 대한 심리학적이고 생물학적인 반응으로 추론하고 있다.

엔도카나비노이드라는 화학물질은 격렬한 운동을 했을 때보다는 20분 정도의 조깅과 같은 중간 정도의 운동을 했을 때 체내 증가율이 가장 높다고 한다. 엔도카나비노이드는 신경계에 작용하면 통증을 줄여주고, 경련을 진정시키며, 긴장을 풀어준다. 면역계에 작용하게 되면 염증을 줄여주고, 면역력을 강화해서 항암 작용을 한다.

과학자들은 각종 실험을 통해서 뇌에서 엔도카나비노이드 분비가 언제 증가하는지를 연구한 결과 대마초 중독, 운동, 사회적 연결과 연관되어 있음을 밝혀냈다. 엔도카나비노이드의 분비가 낮을 때 불안감과 외로움이 증폭되고, 우울증 증세가 나

타났다.

즉, 운동은 뇌의 보상체계를 자극하여 엔도카나비노이드를 생성하고, 수용체를 통해서 도파민 및 아드레날린 등을 분비하게 하여, 대마초에 중독되었을 때와 유사한 행복감을 느끼게 한다는 것이다.

나는 20년 전부터 마라톤을 비롯한 다양한 운동을 해왔다. 물론 러너스 하이도 느껴보았다. 이론서도 즐겨 읽어서 신체 구조는 물론이고, 운동의 긍정적인 중독 효과나 운동이 주는 행복감에 대해서도 잘 알고 있다.

> 비록 많은 사람이 그 사실을 잊고 있지만 우리는 타고난 주자이다. 나는 아직도 수목이 우거진 한적한 오솔길의 따뜻한 모래 위를 맨발로 걸었던 독일에서의 어린 시절을 기억하고 있다. 소나무 향기는 진동했고, 숲비둘기의 '구구'거리는 소리가 울려 퍼졌으며, 내 앞으로 밝은 초록색 길앞잡이들이 뛰듯이 날고 있었다.
>
> _베른트 하인리히, 《우리는 왜 달리는가》(이끼북스) 중에서

나 역시 내가 달렸던 수많은 길과 그 길을 질주할 때 스쳐 지나가던 풍경, 그때 느꼈던 감정을 고스란히 간직하고 있다.

특별한 일이 없는 한 매일 한 시간 이상 운동을 했는데, 그 이

유 중의 하나는 혼자 있는 시간을 멋지게 즐기는 방법이기 때문이었다.

운동은 하루 중 짧은 시간을 빼앗아 가지만 인생을 길게 할 뿐만 아니라, 성취감과 함께 행복감을 준다. 목표를 세워놓고 매일 실천하다 보면 운동하기보다 운동을 안 하기가 더 어려워진다.

> 내가 운동하는 이유는 삶의 질을 높여 인생을 즐기기 위함이다.
>
> _케너스 H. 쿠퍼

그러나 인간은 감정의 동물이다. 어떤 일로 말미암아 생체 리듬이 뚝 떨어지면 운동할 의욕이 나지 않는다.

나 역시 운동을 중단한 적이 있다. 절친한 친구가 교통사고로 허망하게 죽었을 때 슬픔을 주체할 수 없어서 일절 운동하지 않았다.

기분도 우울한데 운동마저 하지 않자 물먹은 스펀지처럼 몸이 땅 밑으로 축 가라앉았다. 그러다 보니 더욱더 '움직임'이 줄어들었다.

일주일 남짓 지나자, 만사가 귀찮았다. 눈꺼풀을 뜨기조차 번거로웠지만 동아마라톤대회를 앞두고 있던 시기여서, 억지로 몸을 일으켜서 운동하러 나갔다.

그때, 나는 놀라운 경험을 했다. 고작 5킬로미터를 달렸을 뿐인데 생체 리듬이 되살아나면서, 평상심을 되찾을 수 있었다. 5킬로미터 남짓 더 달리고 나자, 은은한 행복감이 찰랑거리는 파도처럼 온몸을 적셨다.

그날 나는 새로운 사실을 깨달았다. 내 몸 안에는 3년 남짓 운동하는 사이에 '행복 복원 시스템'이 나도 모르는 사이에 구축되어 있다는 사실을.

그 뒤로도 여러 차례 비슷한 체험을 했다. 그래서 언제부터인가 기분이 울적해서 몸이 무거워지거나 몹시 화가 나서 머릿속이 마구 헝클어지며 만사가 귀찮아지면, 일단 운동화 끈부터 동여맨다.

내 몸에서 엔도카나비노이드가 분출되는 광경은 볼 수도 없고 알 수도 없다. 그저 막연하게 짐작할 뿐이지만 운동을 하고 나면 행복 복원 시스템이 작동한다는 사실만큼은 온몸으로 또렷하게 느낄 수 있다.

마지드 마지디 감독의 1997년 작품 〈천국의 아이들〉은 몬트리올영화제에서 그랑프리, 파지르 국제영화제 그랑프리, 뉴포트 국제영화제 최우수 외국어영화상 등을 수상한 명작이다.

영화는 구두 수선공이 분홍색 구두를 수선하는 장면에서부터 시작된다. 쓰레기통에서 주워 왔다고 해도 믿을 만큼 낡을

대로 낡은 구두는 이 영화의 주인공 중 한 명인 자라의 한 켤레 뿐인 신발이다.

자라의 오빠인 알리는 아홉 살이다. 아픈 몸으로 일하는 엄마를 대신해서 빵도 사고, 신발도 수선하면서 분주한 시간을 보낸다. 그러다가 그만 채소 가게에서 감자를 고르다가 동생의 신발을 잃어버리고 만다.

가난한 집 아이들은 일찍 철들게 마련이다. 알리는 가뜩이나 궁핍한 처지인데, 신발을 잃어버렸다고 사실대로 말하면 또 빚을 질까 두렵다. 여동생을 설득해서 자기 신발을 같이 신기로 한다.

자라는 오전반이고 알리는 오후반이다. 수업이 끝나자마자 자라는 집으로 있는 힘을 다해서 달려간다. 알리는 골목길에서 동생을 초조히 기다리다가, 신발을 갈아 신고는 수업이 늦을세라 허겁지겁 달려간다.

그 모습이 뭔가 위태로워 보이면서도 가슴을 뭉클하게 한다. 원시 시대 때 사냥하거나 적들에게 쫓길 때 그랬듯이, 달리기에는 절박한 무엇인가 숨겨져 있다는 생각이 든다.

자라는 운동장에서 조회하던 중 자신이 잃어버린 신발을 신고 있는 소녀를 발견한다. 수업이 끝난 뒤 소녀가 사는 곳을 알아낸 자라는 오빠와 함께 그 집을 찾아간다. 그러나 소녀의 아버지가 행상하는 시각장애인임을 확인하고는 힘없이 돌아선다.

그러던 어느 날, 3학년과 4학년만 참가할 수 있는 어린이 마라톤 대회가 마을에서 열린다. 선발전에 참가하지 않았던 알리는 뒤늦게 3등 상품이 운동화라는 사실을 알고는 선생님을 찾아간다. 참가하게 해달라고 애원하자 선생님은 마지못해 기회를 준다.

알리는 혼자서 헉헉거리며 운동장을 달리고 선생님은 기록을 잰다. 선발전을 통과한 알리는 집으로 달려와 여동생에게 자랑스럽게 말한다.

"1, 2등에는 관심이 없어. 3등이 운동화야!"

마침내 4킬로미터 어린이 마라톤 대회가 열린다. 알리는 낡은 운동화 끈을 질끈 동여매고 수많은 선수와 함께 출발선에 선다.

총성이 울리고 힘차게 달려가는 아이들. 알리는 수업이 끝나자마자 달려와야 하는 여동생과 최선을 다해서 달려가도 지각할 수밖에 없었던 순간을 떠올리며 달린다.

스티븐 힐러드 스턴 감독의 〈러닝〉에서 마이클은 잃어버린 자신의 존재 이유를 찾아서 달리고, 마이클 맥고완 감독의 〈리틀 러너〉에서 랄프는 의식불명 상태에 빠진 어머니를 위해서 달린다. 그에 비해 알리가 달리는 이유는 단순하다. 여동생의 운동화를 구하기 위함이지만 소년의 세계에서는 절실한 문제이다. 어떻게 본다면 생존을 위해서 달려야 했던 원시인의 달리기에 가장 가깝다고 할 수 있다.

〈천국의 아이들〉은 유년 시절에 대한 향수를 불러옴과 동시에 많은 것을 생각하게 한다. 우리는 돈에 묻어 있는 작은 기쁨을 탐하려다 보니, 정작 인간 본연의 행복을 잊고서 살아가고 있는 것은 아닐까, 하는.

> 우리가 늙어서 운동을 그만두는 것이 아니라 우리가 운동을 그만두기 때문에 늙는 것이다.
>
> _케네스 H. 쿠퍼

어쩌면 우리는 경제적 불만족 때문에 불행한 것이 아니라, 달리지 않기 때문에 불행한 것인지도 모르겠다.

인생을 살다 보면 샘이 날 정도로 행복하게 살던 사람이 비참하게 생을 마감했다는 소식을 접하게 된다. 행복한 인생을 사는 것도 중요하지만 불행의 덫에 발목을 잡히지 않는 것 또한 그에 못지않게 중요하다.

혼자 있는 시간을 멋지게 즐기고 싶다면 운동을 하라. 특히 달리기는 온갖 성인병으로부터 나를 지켜줌은 물론이고, 용기를 불어넣어서 더 넓고 더 멋진 세상으로 나를 데려간다.

운동을 하면 뇌에서 행복감을 느끼게 하는 화학물질이 분출된다. 또한 나도 모르는 사이에 행복 복원 시스템을 구축해서, 불행의 늪에서 허덕일 때 어렵지 않게 나를 구원해준다.

상상의 세계, 그 끝에는 무엇이 있을까

넉넉한 흰 담요에 싸인 채 몸이 다 들어가지도 않는 아기
침대에 억지로 끼어 앉아 있는 것은, 일흔은 족히 되어 보
이는 노인이었다. 성긴 머리는 거의 백발이었고, 뺨에는 잿
빛 수염이 길게 내려와 있었다. 수염은 창문으로 들어오는
미풍을 받아 앞뒤로 우스꽝스럽게 물결쳤다. 노인은 침침
하고 생기 없는 눈으로 버튼 씨를 올려다봤다. 그 눈빛엔
당혹스러운 의문이 숨어 있었다.

_스콧 피츠제럴드,《벤자민 버튼의 시간은 거꾸로 간다》(문학동네) 중에서

스콧 피츠제럴드의 소설《벤자민 버튼의 시간은 거꾸로 간
다》는 1922년에 잡지 〈콜리어스〉에 연재한 단편소설 〈벤저민

버튼의 기묘한 사건〉이 그 원제다.

이 소설은 데이비드 핀처 감독, 브래드 피트 주연의 〈벤자민 버튼의 시간은 거꾸로 간다〉로 유명해졌다. 소설을 영화할 경우, 영화적 상상력이 가미되게 마련인데 이 작품 역시 그렇다.

벤자민 버튼의 출생부터 다르다. 소설에서는 1860년생인데, 영화에서는 1918년생이다. 소설에서는 아무 이유 없이 70대 노인으로 태어나는 반면, 영화에서는 아들이 죽자 시계 기술자가 죽음을 되돌리고 싶어서 거꾸로 가는 시계를 만들었다는 설정이 추가되어 있다.

물론 단편소설을 영화로 만들다 보니 원작에는 나오지 않는 장면도 여럿 있고, 전체적인 내용도 다르다.

처음 이 소설을 읽었을 때 어떻게 이런 상상을 한 건지 궁금했다. 나중에 알고 보니 '노인으로 태어나서 소년으로 늙어간다'라는 마크 트웨인의 말에서 영감을 받았다고 한다.

쥘 베른의 《80일간의 세계일주》, 《해저 2만리》, 《지구에서 달까지》 등을 읽었을 때도 그랬고, 마르셀 에메의 《벽으로 드나드는 남자》, 《생존 시간 카드》를 읽었을 때도 그랬고, J. R. R. 톨킨의 《반지의 제왕》이나 J. K. 롤링의 《해리포터》 시리즈를 읽었을 때도 어떻게 이런 상상을 했을까, 감탄하곤 했다.

파블로 피카소의 그림이나 백남준의 비디오 아트를 볼 때도 그랬고, 특히 초현실주의 작가인 살바도르 달리, 르네 마그리트, 만 레이 등의 작품을 볼 때는 절로 감탄사가 터져 나왔다.

문학이든 회화이든 사진이든 간에 뛰어난 작품 중에는 상상력의 산물이 많다. 그렇다고 해서 상상력이 예술에만 필요한 것은 아니다.

> 지식이 가치를 창출하는 시대에서 가장 중요한 것은 창조적 상상력이다.
>
> _앨빈 토플러

스티브 잡스의 성공 사례에서도 알 수 있듯이 상상력은 비즈니스를 하는 데서도 꼭 필요하다.

고독한 시간을 멋지게 즐기는 방법 중 하나는 상상하기다. '상상'은 '공상'과 비슷하면서도 다르다. 표준국어대사전에는, 공상은 '현실적이지 못하거나 실현될 가망이 없는 것을 막연히 그리어 봄. 또는 그런 생각'으로 실려 있고, 상상은 '실제로 경험하지 않은 현상이나 사물에 대하여 마음속으로 그려 봄'으로 실려 있다.

어렸을 때 하는 것은 공상에 가깝다. 하늘을 날아다니거나 하루아침에 재벌이 되어서 돈을 펑펑 쓰는 광경을 머릿속으로 그리다 보면 괜히 기분이 좋아진다. 하지만 그것도 잠시, 현실로 돌아오면 갖고 있던 무언가가 사라져버린 것만 같아서 괜히 울적해진다.

그렇다고 해서 공상을 시간 낭비로 치부할 수는 없다. 공상이 발판을 마련하고 체계적으로 형태를 갖춰갈 경우, 상상으로 변해서 훌륭한 예술품이나 발명품으로 탄생하기도 한다.

어른들은 공상의 허망함을 잘 알고 있기에 주로 상상을 한다. 상상은 관찰과 경험에서 비롯되며 사실을 밑바탕으로 할 때 탄력과 힘을 얻는다.

쥘 베른은 1851년 지인의 설계도인 경기구를 보고서 영감을 받아 《기구를 타고 5주간》이라는 작품을 썼고, J. K. 롤링 역시 포르투갈의 포르토에서 영어 강사를 할 때 렐루 서점에서 영감을 얻어 해리포터에 등장하는 기숙사와 도서관을 상상했다고 한다.

우리가 허구라고 생각하는 것들도 파고들어 가보면 뿌리를 갖고 있다. 실제로 존재했거나 작품으로 남아 있거나, 이야기 형태로 전해지거나 그것들로부터 변형된 경우가 대부분이다.

예술은 장르를 불문하고 서로서로 영향을 끼친다.

트레이시 슈발리에의 소설 《진주 귀고리 소녀》는 요하네스 페르메이르의 그림인 〈진주 귀고리를 한 소녀〉에서 영감을 얻었고, 도나 타트의 소설 《황금방울새》는 카렐 파브리티우스의 그림과 생애에서 영감을 얻어 작품으로 탄생했다.

존 에버렛 밀레의 그림 〈오필리아〉는 셰익스피어의 희곡 〈햄

릿〉에서 영감을 받았고, 살바도르 달리의 〈매드 티 파티〉는 루이스 캐럴의《이상한 나라의 엘리스》에서 영감을 받았고, 로댕의 〈생각하는 사람〉은 단테의《신곡》에서 영감을 받았다.

"어떤 미래를 정할지는 하느님이 하는 것이 아니라, 너희들이 하는 거란다."

로버트 저메키스 감독의 1985년 작품인 〈백 투 더 퓨처〉는 시간 여행과 타임 패러독스를 다룬 영화로, 흥행에 성공하면서 시간 여행에 관한 관심을 불러일으켰다.

시간 여행을 소재로 다룬 이야기는 아주 오래전부터 전해져 내려오지만 '공상'에 가깝다. 숲에서 길을 잃거나, 낮잠에서 깨어나거나, 바둑을 구경하다 집으로 돌아오니 수십 년이 훌쩍 흘러갔다는 식이다.

공상과학 소설은 체계를 갖춘 '상상'이라 할 수 있는데, 과학적인 근거를 갖고서 시간 여행을 다룬 최초의 소설은 허버트 조지 웰스가 1895년에 발표한《타임머신》이다. 줄거리는 시간 여행자가 타임머신을 만들어서 미래를 체험하고 돌아오지만, 증거가 없어서 아무도 믿지 않자, 카메라를 챙겨 다시 시간 여행을 떠나, 돌아오지 않는다는 내용이다.

상상력은 우리를 존재하지도 않았던 세상으로 이끈다. 그러나 상상력 없이 우리는 그 어디에도 갈 수 없다.

_칼 세이건

영화 〈백 투 더 퓨처〉는 초침 소리와 함께 브라운 박사(크리스토퍼 로이드) 실험실에 놓여 있는 다양한 시계를 보여주며 시작된다.

1955년 캘리포니아 힐 밸리에서 타임머신 제작에 대한 영감을 얻은 브라운 박사. 그는 1985년에 마침내 스포츠카 들로리안 DMC-12를 개조해서 타임머신을 제작하는 데 성공한다. 소설 《타임머신》에서 시간 여행자가 저질렀던 실수를 반복하지 않기 위해서, 열일곱 살 소년인 마티 맥플라이(마이클 J. 폭스)로 하여금 캠코더로 역사적인 장면을 촬영하게 한다.

브라운 박사는 핵폭탄을 만들어달라는 리비아 테러리스트로부터 받은 플루토늄을 빼돌려 타임머신의 동력으로 사용하고, 가짜 폭탄을 만들어준다. 뒤늦게 그 사실을 안 테러리스트들이 찾아와 브라운 박사는 총에 맞아 죽고, 마티는 타임머신을 타고 달아나다가 1955년으로 가게 된다.

자신과 비슷한 또래인 아버지와 어머니를 만난 뒤, 현재로 돌아가기 위해서 젊은 시절의 브라운 박사를 찾아간다. 마티는 브라운 박사의 숨겨진 비밀을 말하고, 캠코더로 찍은 영상을 보여주며 미래에서 왔음을 증명한다.

브라운 박사는 이 시대에서는 플루토늄을 구할 수 없다며 타임머신을 움직일 수 있는 유일한 방법은 번개뿐이라고 말한다.

마티는 자신의 개입으로 말미암아 부모님이 결혼하지 않아서 사라질 뻔한 형과 누나와 자신을 가까스로 구해낸다. 브라운 박사에게는 1985년에 테러리스트들의 총에 맞게 되니 미리 대비하라는 편지를 남겨놓고 떠나려 하는데, 미래를 알면 미래를 망친다고 생각한 브라운 박사는 편지를 갈기갈기 찢어버린다.

브라운 박사를 구하기 위해서 마티는 미래로 떠나기 10분 전의 현재로 돌아온다. 그러나 타임머신인 자동차의 시동이 걸리지 않아서 구하는 데 실패하고, 브라운 박사는 다시금 테러리스트의 총에 맞는다.

마티가 놀라서 달려가니 죽은 줄만 알았던 브라운 박사는 살아 있다. 몸에 방탄조끼를 입고 있었던 것이다. 브라운 박사는 낡은 편지 한 통을 품 안에서 꺼내 보여준다. 조각난 편지가 스카치테이프로 붙여져 있다.

브라운 박사는 30년 뒤의 미래로 시간 여행을 떠난다. 집으로 돌아온 마티가 한숨 자고 일어나니 집안은 물론이고 가족 전체가 바뀌어 있다. 하나같이 루저에 가까웠던 가족들은 아버지가 발휘했던 작은 용기 덕분에 긍정적인 방향으로 변해 있다. 작은 용기가 미래를 통째로 바꾼 것이다.

공상과학 소설 작가로도 성공한 아버지는 출판사에서 보내온 처녀작을 마틴에게 건네주며 이렇게 말한다.

"하고자 하는 의지만 있다면 뭐든지 할 수 있어."

마티는 여자 친구인 제니퍼와 데이트를 하기 위해 떠나려는데 브라운 박사가 미래에서 돌아온다. 한층 업그레이드된 타임머신을 타고 온 브라운 박사는 마티와 제니퍼의 아이들에게 문제가 생겼으니 바로 잡아야 한다면서 그들을 데리고 미래로 떠나간다.

오래전 영화임에도 시간 여행이 갖춰야 할 격식과 재미를 담는 데 성공한 작품이라 할 수 있다.

영화에서 상상력은 소설이나 미술보다 한층 중요한 역할을 하지 않나 싶다. 역대 영화 흥행 순위를 보면 〈아바타〉 시리즈, 〈어벤져스〉 시리즈, 〈스타워즈〉 시리즈, 〈스파이더맨〉 시리즈, 〈쥬라기 월드〉 시리즈 등이 상위권을 차지하고 있다.

상상하기는 혼자 있는 시간을 즐기는 멋진 방법이다. 한껏 상상력을 발휘하기 위해서는 몸과 정신이 경직된 상태보다는 이완된 상태가 좋다. 가벼운 운동을 하고 난 뒤나 잠들기 전, 책이나 영화를 보거나 명상 상태에서 상상하게 되면, 뇌에서 알파파가 발생해서 상상의 나래를 펴기가 쉽다.

혼자 있는 시간을 소모하기 위한 상상이 아닌, 상상을 통해서 무언가를 이루고 싶다면 다음의 5가지를 명심하자.

하나, 관심이 있는 분야에 관해서 상상하라.

둘, 아무리 황당한 상상일지라도 사실을 바탕으로 하라.

셋, 기록하거나 그림을 그려가며 상상의 세계를 구체화하라.

넷, 관련 지식이나 경험을 접목하고, 통합하라.

다섯, 상상의 벽에 부딪히면 새로운 정보를 습득한 뒤, 다른 상상으로 돌파하라.

상상력이 빈곤하다고 느낀다면 평소에 상상력을 키울 필요가 있다. 공감이나 타인에 대한 배려는 상상력의 출발이다. 내 생각만 하지 말고 타인의 이야기에 공감해주고, 배려해주다 보면 한층 감정이 풍성해지면서 상상력도 키워진다.

> 체력을 단련하듯이 상상력도 단련하라. 상상력을 북돋울수록 문제를 풀거나 중요한 것을 기억하는 일이 한결 쉬워진다.
>
> _앤드류 매튜스

나는 가끔 예쁜 길을 보면 그 길의 끝을 생각하곤 한다. 상상도 마찬가지다. 가끔 멋진 상상을 시작하면 그 끝에는 무엇이 있을지 궁금해진다.

상상하고, 또 상상하라! 머잖아 현실이 되리니!

함께하는 것들 관찰하기

수개미 327호가 자기 몸무게의 60배는 족히 나갈 잔가지 하나를 운반하고 있는데, 5백일 이상 된 병정개미 하나가 그에게 다가간다. 병정개미는 그의 주의를 끌려고 더듬이 끄트머리로 그의 머리를 톡톡 두드린다. 그러자 그가 고개를 든다. 병정개미는 자기 더듬이를 그의 더듬이와 맞댄다.

_베르나르 베르베르, 《개미》(열린책들) 중에서

베르나르 베르베르의 《개미》는 프랑스에서 1991년에 출간되었는데, 국내에서는 1993년에 첫 출간되어 화제를 불러일으키며 단숨에 베스트셀러에 올랐다.

괴짜 생물학자였던 삼촌은 나에게 집과 함께 의문의 노트를 유산으로 남겨놓는다. 집 지하에는 인간처럼 제국을 건설한 개미들이 치열한 생존 다툼을 하며 살아가고 있다. 인간이 개미와 대화하고, 서로 문명을 교류하면서 벌어지는 여러 사건을 다루고 있다.

이 소설은 관찰력과 상상력의 산물이라 할 수 있다.

유년 시절의 베르베르는 에드거 앨런 포와 쥘 베른의 소설을 탐미했고, 이런저런 이야기를 만들어서 친구들에게 들려주는 것을 좋아했다.

초등학교에 다닐 적에는 지팡이를 짚고 학교에 가야 할 정도로 등 통증이 심했다. 다양한 치료를 받았지만, 효과를 보지 못하자 스스로 찾아낸 치료법이 글쓰기였다. 채식했으며 동양철학에 관심이 많아서, 태극권을 연마하고 명상을 즐겼다.

또한 그는 관찰하기를 좋아했다. 할아버지의 별장 텃밭에서 줄지어 이동하는 개미를 발견한 것이 개미에 대해 관심을 두게 된 최초의 계기였다.

개미에 심취한 그는 방에다 길이 1.5미터, 높이 1미터의 개미집을 만들어서 붉은개미 3,000여 마리를 기르기에 이른다. 가까이서 그들의 행태를 좀 더 자세히 관찰하기 위함이었다.

5권 분량이나 되는《개미》는 아이디어가 괜찮다는 말에 용기를 얻어서, 개미에 관한 책을 읽고 쓴 10페이지짜리에 불과한〈개미의 제국〉에서부터 출발한다.

열여덟 살 때부터 구상하기 시작한 《개미》는 그의 나이 서른이 되어서야 완성할 수 있었다. 그러나 출판사로부터 수없이 퇴짜를 맞았고, 120번이 넘는 개작을 거쳐서 1991년에 마침내 빛을 보았다.

호기심이 많아서 모험도 좋아하고 게임도 좋아한다는 베르나르 베르베르는 혼자 있는 시간을 멋지게 즐길 줄 아는 전형적인 인물이다. 그의 상상력에 날개를 달아준 것은 다름 아닌 '관찰하기'였다.

〈나의 문어 선생님〉은 남아프리카 공화국의 다큐멘터리 감독이자 박물학자인 크레이그 포스터가 2020년에 제작한 다큐멘터리 영화이다. 피파 에리치와 제임스 리드가 감독을 맡았다. 2021년 제93회 아카데미 시상식에서 장편 다큐멘터리상을 받는 등 유수 영화제에서 상을 받았다.

영화는 아프리카 끝자락에 자리하고 있는 남아프리카공화국 웨스턴케이프주, '폭풍의 곳'이라 불리는 바다 밑에서 유유히 헤엄치는 인간과 문어를 보여주며 시작된다.

"흔히들 문어는 외계 생명체 같다고 합니다. 하지만 희한하게도 문어를 자세히 들여다볼수록 인간과 아주 닮은 점이 많다는 사실을 알게 되죠."

20년 전, 크레이그 포스터는 칼라하리사막에서 원주민 사냥꾼들을 촬영했다. 그때 그들이 놀라운 관찰력을 발휘해서 사냥감의 뒤를 쫓아가며 사냥하는 모습을 보며, 자연으로 돌아가고 싶은 충동을 느꼈다.

그로부터 18년 후, 그는 과로한 업무로 말미암아 번아웃된다. 칼라하리사막의 원주민 사냥꾼에게서 영감을 얻은 그는 변화를 꾀하기 위해서 대서양으로 간다.

1년쯤 스노클링을 즐기고 나자, 잠영 실력이 향상된 것은 물론이고 기력도 되살아났다. 그는 다시 카메라를 잡고 해양 생물을 촬영하기 시작한다.

그러던 어느 날, 큰 파도를 막아주는 다시마숲으로 둘러싸인 바닷속을 헤엄치다가 각종 조개껍데기와 소라껍데기로 위장하고 있는 문어를 발견한다. 나중에야 알았지만, 천적인 파자마상어로부터 몸을 숨기기 위한 전술이었다.

빨판으로 붙들고 있던 껍데기들을 한순간에 털어버리고 문어는 다시마숲으로 달아난다. 그의 존재를 의식한 문어는 해조류로 망토처럼 몸을 감싼 채 잠시 관찰하다가 사라져버린다.

크레이그는 문어와의 첫 만남을 통해서 이 범상치 않은 생물에게서 뭔가 배울 점이 있다는 것을 본능적으로 깨닫는다.

1일째, 그는 문어의 생태를 녹화하기 위해 수중 카메라를 설치한 뒤 관찰에 들어간다. 문어는 카메라의 정체를 파악하려고, 조개껍데기를 방패 삼아 카메라로 슬금슬금 다가와서는 만져도 보고, 넘어뜨려도 본다.

하루도 빠짐없이 암컷 문어를 관찰했지만, 별다른 특징을 찾아내지는 못한다. 문어의 동굴을 찾던 중 문어의 천적인 파자마 상어 떼를 발견한다.

26일째, 두려움이 사라진 문어는 그가 내민 손에 긴 팔을 뻗어서 접촉을 시도한다. 이 장면은 크레이그는 물론이고 시청자들의 코끝마저 찡하게 하는데, 미켈란젤로의 〈천지창조〉에서 신과 인간이 손가락을 마주치거나, 〈ET〉에서 ET와 엘리엇이 손가락을 마주치는 장면을 연상시킨다.

문어는 뿔을 만들기도 하고, 카멜레온처럼 주변 환경에 맞춰 변신하기도 하고, 인간처럼 두 발로 바다 밑을 걷기도 하고, 하나의 돌멩이처럼 위장한 채 천천히 움직이기도 하고, 조류를 타고 흔들리는 다시마처럼 흐느적거리며 이동하기도 한다.

이러한 속임수는 문어의 생존술이다. 천적이 많은 문어의 몸속에는 수백만 년 동안 축적된 생존 DNA가 내재되어 있다.

52일째, 문어는 믿어도 되는 존재라고 판단했는지 아무런 두려움 없이 그의 뒤를 따라온다. 그러나 실수로 카메라 렌즈를 떨어뜨리자, 놀란 문어는 종적을 감추고 만다. 뒤늦게 자책하지만, 엎질러진 물이다.

이대로 포기할 수는 없어서 칼라하리 원주민 사냥꾼처럼 문어가 남긴 흔적을 찾아서 암컷 문어를 추적한다. 문어 입장에서 생각하며 문어가 남긴 모래 구덩이, 먹이를 먹고 남긴 껍데기, 문어가 이동하면서 달라진 조류의 형태 등을 살피며 7일 동안 뒤를 쫓은 결과 마침내 기적처럼 문어를 다시 만나게 된다.

모처럼의 만남이 반가웠던 걸까. 문어는 달아나지 않고 오히려 다가와서는 그의 손 위로 올라온다. 그가 참았던 숨을 쉬기 위해서 물 위로 올라가는 동안에도 떠나지 않는다.

그 뒤로 문어는 더 이상 그를 두려워하지 않는다. 손 위로 올라오는 것은 기본이고, 가슴에 올라타서 머물기도 한다.

사랑에 빠지면 상대방을 더 알고 싶어지고 그에 관한 생각이 한시도 머릿속을 떠나지 않듯 그는 문어에 집착하게 된다. 태어나서 처음이라고 말할 수 있을 정도로 강렬한 호기심을 느낀 그는 문어에 관한 논문을 찾아 읽고, 자신의 영혼마저 홀려버린 암컷 문어가 '왜문어'라는 사실은 물론이고 학명까지 알게 된다.

"왜문어는 인지력의 3분의 2가 바깥쪽 팔의 뇌에서 나옵니다. 생각하고, 느끼고, 탐험하며 존재의 목적을 실현하죠. 문어는 빨판 2천 개를 제각각 움직일 수 있습니다. 신기하죠. 손가락이 2천 개라고 생각해보세요. 이 문어의 지능은 개나 고양이와 비슷합니다. 하급 영장류와도 맞먹는 수준이죠. 이렇게 지능이 높은 연체동물은 없습니다."

문어의 지능이 높은 이유는 생존하기 위해서 다양한 종류의 먹잇감을 사냥함과 동시에 천적으로부터 자신을 지켜야 하기 때문이다. 탁월한 학습 능력과 뛰어난 기억력으로 생존 가능성을 키워나간 것이다.

크레이그 포스터는 돌이킬 수 없을 정도로 치명적인 사랑에 빠진 것으로 보인다. 문어를 조금이라도 더 알기 위해서 수많은 논문을 뒤지고 또 뒤진다.

104일째, 문학 작품에는 야행성으로 등장한다는 사실을 알게 된 그는 문어가 밤에 더 활동적인가를 확인하기 위해서 밤바다에 들어간다. 밤이 되면 바닷속도 깜깜해진다. 용기가 필요한 일이기도 하고, 남다른 사랑이 없다면 할 수 없는 일이기도 하다.

늘 머물던 굴에는 문어가 없다. 포기하고 해변으로 올라오니 얕은 물에 문어가 있다. 문어는 상어가 접근하기 힘든 곳에서 먹이 사냥을 하는 중이다. 번개처럼 빠른 동작으로 물고기 세 마리를 먹어 치운다.

125일째, 문어가 다시마숲 가장자리에서 놀고 있을 때 후각이 발달한 파자마 상어가 나타난다. 문어는 재빨리 돌 밑에 숨지만, 상어는 문어의 팔 하나를 덥석 문 뒤 몸을 회전시켜 팔을 뜯어낸다.

크레이그는 얼마나 속이 상했는지, "문어가 흘린 피가 바다에 진동했죠"라고 표현한다. 힘없이 느릿느릿 자기 굴로 향하는 문어를 지켜보다 돌아선 그는 자책감에 휩싸인다. 자신이 문어를 불러낸 것은 아닌지.

306

감정이입이 지나친 나머지 사랑하는 연인들이 그렇듯이 자기 팔다리가 뜯겨 나간 것만 같은 심리적 아픔을 느낀다.

과연 인간과 문어의 교감 내지 사랑은 어떤 결말을 맺게 될까?

문어는 찾아온 시련을 어떻게 이겨낼까?

이 놀라운 다큐멘터리는 장면 하나하나가 생생하게 살아 있다. 뒤로 갈수록 흥미진진한 내용이 펼쳐지지만 여기까지만 소개하겠다.

〈나의 문어 선생님〉을 찾아볼 사람들을 위해서, 다큐멘터리에 담긴 신비로움과 감동을 직접 느껴보라고.

나 역시 관찰을 좋아한다. 스노클링을 즐기며 바닷속을 관찰하기도 했지만, 문어라는 다소 희귀한 생물과의 교감은 감히 상상하지도 못했다. 이 다큐멘터리를 본다면, 내가 그랬듯이 오랜 시간 동안의 관찰과 가슴 뭉클한 경험을 공유해준 크레이그 포스터와 다큐멘터리 제작진에게 진심으로 감사하게 되리라.

혼자 있는 시간을 멋지게 즐기는 방법 하나는 '관찰하기'다. 개미나 문어를 오랜 시간 관찰하는 것도 즐겁고 멋진 일이지만 우리의 주변에서 흔히 볼 수 있는 것들을 관찰해도 나름대로 즐거운 시간을 보낼 수 있다.

나는 내 안에 없는 것은 세상에 존재하지 않는다고 생각한다. 내가 신을 믿는 이유는 신이 내 안에 있기 때문이고, 외계인을 믿는 이유는 외계인이 내 안에 있기 때문이다. 물론 어떤 이유로 말미암아 신이 내 안에서 사라지고 외계인이 내 안에서 사라진다면, 나는 더 이상 그들의 존재 자체를 믿지 않게 되리라.

다시 말해서, 세상에 존재하는 무언가를 관찰함은 내 안에 있는 것을 관찰한다는 것이고, 그것은 즉 나의 일부분을 관찰함을 의미한다. 생물이든 무생물이든지 간에 그것들은 나의 또 다른 모습이다.

나는 봄이 되면 꽃밭 관찰을 즐긴다. 꽃이 피어나는 모습, 벌과 나비가 꽃밭을 비행하는 모습을 지켜보고 있으면 세상이 매혹적으로 느껴진다. 헤르만 헤세가 왜 나비 채집에 푹 빠졌는지 이해할 수 있다.

봄비라도 오는 날에는 우산을 받쳐 들고 인근 솔밭으로 간다. 빗소리도 듣기 좋을뿐더러 향긋한 솔 향기를 맡을 수 있다. 향기가 강해서 은근히 중독성이 있는지, 한때는 봄비가 내리면 만사 제쳐놓고 솔밭으로 향하곤 했다.

계절이 봄과 여름 사이의 징검다리를 건너갈 때는 하루하루 다르게 변해가는 숲의 색깔을 관찰한다. 나무 이파리는 연둣빛을 띠다가 점점 짙어진다. 수국이나 수련이 서서히 피어나는 모습을 관찰하는 것도 빼놓을 수 없는 즐거움이다.

여름에는 시시각각 변해가는 다양한 형태의 구름을 관찰한다. 한 번도 본 적 없는 특이한 모양의 구름을 발견하면 이름을 지어주기도 한다.

장마철에는 호숫가에 쪼그리고 앉아서 빗소리를 들으며 무수히 피었다 지는 비꽃을 관찰한다. 수많은 생과 사가 빗소리에 씻겨 내려간다.

여름과 가을 사이에는 식물원, 수목원, 자연 생태숲 등을 천천히 거닐며 즐거운 한때를 보낸다. 잎을 무성히 드리운 푸른 식물들이 내 안에 활력 넘치는 생명력을 불어넣는다.

가을 숲을 관찰하는 것은 특별한 즐거움이다. 온갖 곤충을 눈과 귀로 관찰할 수 있을뿐더러 단풍으로 물들어가는 나를 만날 수 있다.

가끔은 깜깜한 산골로 들어가 별자리를 관찰한다. 먼 곳에서 반짝이는 별을 보고 있으면 아주 오래전에 헤어진 친구를 만난 듯 반갑기도 하고, 가슴이 아련해지기도 한다.

가을이 깊어지면 활엽수 숲에 앉아서 곡선을 그리며 떨어지는 낙엽을 관찰한다. 바람이 부는 날에도, 바람이 불지 않는 날에도 나뭇잎은 떨어진다. 짧은 시간이지만 아주 멋진 비행을 하는 낙엽을 보고 있으면 죽음도 그리 나쁘지 않다는 생각이 든다.

가을과 겨울 사이에는 집중적으로 클래식을 듣는다. 음악 감상은 눈으로 하는 관찰이 아닌, 귀로 하는 관찰이다. 이 시기에는 주로 슈베르트, 비발디, 베토벤, 카미유 생상스, 라흐마니노프의 음악을 즐겨 듣는다.

그러다 가슴이 답답해지면 철새 도래지를 찾아간다. 갈대숲 위를 무리 지어 날아다니는 철새 떼를 바라보며 내가 날아왔던 거리와 날아가야 할 거리를 가늠해보곤 한다.

겨울에는 읽다 만 책이나 미뤄두었던 책을 읽는다. 작가의 생각이나 심리를 들여다보는 것은 또 다른 즐거움이다.

운동량이 부족해서 몸이 무거워지면 등산을 간다. 겨울 산은 시야가 넓어져서 다른 계절에 발견하지 못했던 것들을 새삼 볼 수 있다.

가끔은 산행 중에 눈이 내리기도 하는데, 산 아래 세상을 하얗게 덮으며 내리는 눈을 관찰하는 것은 특별한 즐거움이다. 그런 날은 눈송이 하나하나에 내 마음을 실어서 벗들에게 안부를 묻는다.

> 지식을 얻으려면 공부를 해야 하고, 지혜를 얻으려면 관찰을 해야 한다.
>
> _메릴린 보스 사반트

자연 속에는 무수한 지혜가 숨겨져 있다. 관찰하다 보면 영감을 얻는다. 나 역시 자연 속에서 수많은 영감을 얻었고, 앞으로도 그럴 것이다.

많은 사람이 '나' 자신에 대해서 제대로 알지 못한 채 살아간다. 함께 살아가는 무언가를 관찰한다는 것은 곧 나를 이해하는 길이기도 하다.

자연과 나는 하나다.

내 안의 평화에 깃들기

깊은 길의 목표인 '깨달음(awakening)'이라는 개념은 현대의 정서로 보면 기이한 동화처럼 느껴질 것이다. 하지만 리치의 연구소에서 내놓은 연구 결과는 뇌와 행동에 주목할 만한 긍정적인 변형들이 일어난다는 사실을 명확히 보여주며, 깊은 길을 추구해온 이들이 오랫동안 묘사해온 것과 같이 그저 신화가 아니라 현실이라는 것을 확신시켜준다.

_대니얼 골먼 · 리처드 J. 데이비드슨, 《명상하는 뇌》(김영사) 중에서

이 책의 공동 저자인 대니얼 골먼은 세계적인 베스트셀러인 《EQ 감성지능》의 저자이고, 리처드 J. 데이비드슨은 명상신경과학 분야의 선구자이다.

312

뇌과학자들이 진행하고 있는 연구 중 하나가 명상이다. 《명상하는 뇌》는 명상과학 분야의 연구 논문 6,000여 편을 검토한 뒤, 그중 가장 과학적 타당성이 높은 60여 편을 추려내서, 명상이 우리에게 줄 수 있는 실직적인 혜택이 무엇인지에 대해서 접근하고 있다.

대부분의 명상 서적이 명상 중이나 명상을 한 직후에 나타나는 효과에 집중하는 데 반해, 이 책은 과학적인 논리를 앞세워서 명상이 끝난 후에도 남는 '지속적인 속성'에 주목하고 있다는 점이 특색이다.

혼자 있는 시간을 멋지게 즐기는 방법 하나는 명상이다. 그렇다면 명상이란 무엇일까? 명상을 한마디로 표현한다면 한 마리 자유로운 새가 되어서, 마음속 평화에 가만히 깃드는 일이다.

우리의 마음은 세상일과 밀접하게 연결되어 있다. 삶의 구조가 단순한 유년 시절에는 마음과 세상일이 일치된 삶을 살 수 있다. 배고프면 슬피 울고, 배가 부르면 행복에 젖어서 잠든다. 꾸중을 들으면 침울해 있다가, 칭찬을 들으면 환한 미소를 짓는다.

그러나 성인이 되면 마음과 세상일 사이에 괴리감이 생긴다. 기분이 몹시 나빠도 억지 미소를 짓고, 과다한 업무량으로 전신이 산산조각이 날 것 같아도 '난 그 어느 때보다 몸 상태가 좋아!' 하고 나 자신을 속이곤 한다.

마음이 세상일과 하나가 되지 못하고 물과 기름처럼 겉돌다

보니 스트레스 호르몬인 코르티솔이 분비되고, 면역력도 떨어지면서 점점 세상살이가 재미없어진다.

세상을 살다 보면 마치 바윗돌 같은 것들이 마음속의 꽃밭으로 굴러떨어지기도 한다. 명상은 그것들을 들어내거나 무시하거나 받아들여서, 평화로운 마음을 지닌 채 살아가기 위한 선택 내지는 일종의 기술이다.

> 개인의 진정한 성장이란, 불안해하면서 보호를 요청하는 자기 안의 어떤 부분을 극복하는 것에 관한 문제이다. 그것은 속에서 지껄이는 목소리가 아니라 그 목소리를 알아차리는 것이 바로 당신임을 끊임없이 자신에게 상기시키는 작업을 통해서 해낼 수 있다. 이것이 탈출로이다. 당신이 늘 자신에게, 자신에게 말을 하고 있다는 사실을 아는 내면의 그는 언제나 말이 없다. 그것은 당신 존재의 심층으로 들어가는 문이다. 지껄이는 목소리를 지켜보고 있는 자신을 인식하는 것은 환상적인 내면을 향한 문턱을 넘는 첫걸음이다.
>
> _마이클 싱어, 《상처받지 않는 영혼》(라이팅하우스) 중에서

명상은 다양하다. 세상일로 말미암아 일어나는 감정을 알아채고 분리하는 것도 명상이고, 내면의 목소리에 귀를 기울이며

고요함 속에서 지혜를 찾는 것도 명상이고, 호흡이나 소리에 집중하며 온갖 잡념을 가만히 흘려보내는 것도 명상이고, 근원적인 물음을 통해서 세상의 진리를 깨우치는 것도 명상이다.

나는 보기 위해 눈을 감는다.

_폴 고갱

눈을 감고 있으면 눈을 뜨고 있을 때보다 더 많은 것을 볼 수 있고, 가만히 앉아 있으면 정신없이 뛰어다닐 때보다 더 많은 현실적인 문제점들을 해결할 수 있다.

마크 J. 프랜시스, 맥스 퓨 감독의 2017년 작품 〈나를 만나는 길〉은 다큐멘터리이다. 2022년 1월에 임종한 베트남 출신의 불교 지도자이자 평화운동가였던 틱낫한 스님이 직접 출연하고, 셜록 홈즈와 닥터 스트레인지에서 뛰어난 연기를 보여줬던 베네딕트 컴버배치가 내레이션을 맡았다.

이 다큐멘터리는 틱낫한 스님이 2018년 베트남으로 돌아가기 전, 3년 동안의 여정을 쫓아다니면서 촬영했다고 한다. 영상에는 스님의 말년 모습이 담겨 있지만, 내레이션은 젊은 날에 썼던《젊은 틱낫한의 일기》에서 발췌했다.

다큐멘터리는 숲에 떠오르는 일출과 함께 시작된다. "화가 나는 것이 무엇인지, 칭송받는 즐거움이 무엇인지 나는 안다"하는 내레이션과 함께.

"추운 겨울은 어리고 부드럽고 불안한 것들에게 가혹하다. 젊음의 불확실성을 넘어 성장해야 생존할 수 있다. 성숙함과 결의가 필요하다."

명상 공동체인 플럼 빌리지에서는 15분마다 종이 울린다. 그러면 모든 사람이 하던 일을 멈춘다. 음식을 만들다가도, 악기를 연주하다가도, 걷다가도 일단 멈춘다. 무의식에 빠져 있거나 과거나 미래, 혹은 잡념에서 벗어나 현재로 돌아오기 위함이다.

틱낫한 스님은 플럼 빌리지 스테이를 위해 찾아온 일반인들 앞에서 말한다.

마음 챙김 수행의 기본은 지금 여기에 도착하는 것이다. 우리는 항상 무엇을 갈구하며 달리지만 아직 이르지 못했고, 찾지 못했다. 언제 찾을 수 있을지 또한 알 수 없다. 과거는 이미 흘러갔고, 미래는 아직 오직 않았으니 오직 현재의 순간만 있다. 삶의 경이로움은 현재 이 순간에서만 발견할 수 있다.

다큐멘터리는 틱낫한 스님과 제자들이 강연을 위해 찾아갔던 번잡한 도시 풍경, 출가한 제자 가족과의 만남도 보여준다. 한 스님이 어린 시절 세웠던 거창한 인생 계획서는 '삶이란 무엇인가?'에 대해서 다시금 생각하게 한다.

그들은 다시 플럼 공동체로 돌아와 종소리처럼 은은한 삶을 살아간다. 다큐멘터리가 끝날 무렵, 숲에 누워서 밤하늘 속 찬란한 별을 올려다보고 있는 젊은 시절의 틱낫한 스님이 비친다.

"그 순간 완벽한 평화를 느꼈다. 슬픔이나 불안은 내 마음속에 하나도 없었고, 과거와 현재와 미래도 다 사라졌다. 나는 실상의 빛나는 문턱에 서 있었다. 시간과 공간, 행위를 초월하는 실상. 나는 일어나 앉아서 명상하며 남은 밤을 보냈다. 남은 것은 오직 깊이 뿌리 내린 평화였다. 나는 산처럼 앉아 미소 지었다."

94분에 불과한 짧은 다큐멘터리지만 보는 내내 마음이 평온하다. 마치 시냇물처럼 천천히 흘러가는 영상은 아름답다. 면벽 좌선만이 명상이고 수행이 아니라 포행도, 발우공양도, 차수도, 말 한마디와 사소한 행동마저 명상이고 수행임을 알 수 있다.

사람들은 간혹 명상은 어떻게 하는 거냐고 묻는다. 명상의 종류가 다양해서 명상하는 방법 또한 다양하다.

명상 관련 서적은 서점에 가면 쉽게 구할 수 있다. 그마저도 귀찮다면 인터넷을 검색하라. 명상법에 대해서 정리가 잘된 글들을 어렵지 않게 찾아볼 수 있다.

처음에는 마음이 끌리는 명상법을 따라 하고, 잘 맞지 않는다면 다른 명상법을 계속 시도하면서 나에게 맞는 명상법을 찾는게 바람직하다.

명상은 어렵지 않다. 굳이 처음부터 깊은 길을 걷는 스님의 초월명상을 시도할 필요는 없다. 무릎에도 좋지 않은 결가부좌를 억지로 틀 필요도 없고, 화두를 붙들고 고요함 속에서 깨달음을 얻기 위해 안간힘을 쓸 필요도 없다.

허리를 펴고 편안한 자세로 앉아서 들숨과 날숨을 의식해보라. 잡념이 떠오르면 그냥 놔둔 채 숨쉬기에만 집중하라.

앉아 있기가 답답하다면 포행부터 시작하면 된다. 한적한 숲을 천천히 걸으면서 발바닥에 닿는 지면이나 몸의 미세한 움직임을 관찰해보라. 그조차도 여건이 안 된다면, 퇴근 후의 시간을 이용하면 된다. 두세 정거장 전에 지하철이나 버스에서 내려서 천천히 걸으며 명상에 잠기면 된다. 단지, 내가 걷고 있음을 알아채면 된다.

명상에 익숙해지면 마치 숨쉬기와 같이 자연스러워져서 걸을 때는 물론이고, 식사할 때도, 쉴 때도 명상에 잠길 수 있다.

명상, 단 하나의 행위로 이처럼 삶의 질을 높일 수 있는 것이 또 있을까?

_버나드 시겔

나는 밤보다는 낮에 명상하기를 즐긴다. 산 정상이나 숲, 혹은 한적한 바닷가나 공원에 앉아서 명상하고 있으면, 명상이 주는 자체의 기쁨에다 햇살이 선사하는 행복감을 덤으로 느낄 수

318

있다.

혼자 있는 시간을 멋지게 즐기고 싶다면 명상하라. 아무리 고통스럽고 혼란스러운 상황이라 할지라도 당신의 마음속에는 근원적인 평화가 있다. 새처럼 자유롭게 훨훨 날아가서 단지 그 안에 깃들기만 하면 된다. 고요함 속에서 맑게 깨어나 지켜보기만 하면 된다.

이 얼마나 쉽고, 즐거운 일인가!

혼자여도 괜찮아

1판 1쇄 인쇄 2023년 12월 05일
1판 1쇄 발행 2023년 12월 12일

지은이 | 한창욱
펴낸이 | 최윤하
펴낸곳 | 정민미디어
주 소 | (151-834) 서울시 관악구 행운동 1666-45, F
전 화 | 02-888-0991
팩 스 | 02-871-0995
이메일 | pceo@daum.net
홈페이지 | www.hyuneum.com
편 집 | 미토스
표지디자인 | 강희연
본문디자인 | 디자인 [연;우]

3N 979-11-91669-56-5 (03320)